JN074455

資金繰り
改善コンサルティングの実務
Q&A50

経営コンサルタント・行政書士
赤沼慎太郎 著
Shintaro Akanuma

中央経済社

はじめに
——なぜ行政書士の私が資金繰りサポートをしているのか？

　私の主業は，中小企業の経営コンサルティングです。特に資金繰りや資金調達など財務に関するコンサルティングを行っており，財務コンサルタントや資金繰り改善コンサルタントと表現することもあります。

　一方で，私の持つ資格は「行政書士」です。2003年に資格を取得し，その翌年，新卒で入社したアパレル会社を退社して2004年10月，26歳の時に行政書士赤沼法務事務所を開業しました。

　行政書士とは，官公署に提出する許認可等の申請書類の作成や遺言書，契約書などの作成等を行う仕事で国家資格です。したがって，一般的に行政書士が中小企業の財務面のコンサルティングをするというイメージはありません。そのため，私は2004年に開業した後，2005年から今の仕事をしていますが，これまでに数え切れないくらいこの質問を受けました。

　「赤沼さんって行政書士ですよね？　どうして財務コンサルティングをしているのですか？」と。

　私は，開業当初に中小企業の財務支援を行っているコンサルタントと出会いました。そして，この業務の需要の高さ，企業への貢献度の高さを目の当たりにします。その後，縁あって業務として自ら担当することになりました。そして，財務の面白さにのめり込み，今に至ります。

　この仕事に取り組んで以来，多くの税理士や行政書士などの士業や経営コンサルタントから，クライアントである中小企業の資金調達や資金繰りに関する相談を受けるようになりました。

　そこで，2010年に士業，経営コンサルタント向けの財務支援の勉強会「赤沼

創経塾」を創設しました。以来，12年以上にわたり，会員の皆さんと共に日々切磋琢磨して財務支援のスキルを高めています。さらに，2015年より赤沼創経塾の特別講座として財務コンサルタント養成講座という短期集中講座をスタートしています。本書は，私がこれらの講座で伝えている内容のうち，**中小企業の資金繰り支援，資金調達支援に必要となる知識に焦点を当て，事例を交えながら解説**したものです。

　中小企業の財務支援という仕事の魅力の１つは，**どんな情勢においても需要があること**です。景気が悪い時には，**事業再生**の相談が増えます。2008年のリーマンショックの時もそうでしたし，今回のコロナショックにおいても同様です。逆に，景気の回復期や景気がよい時期においては**創業融資**に関する相談が増えます。例えば，リーマンショックによって経済が縮小してしまった後に政府がとった政策の１つが「起業支援」です。その背景もあり起業支援分野は大いに盛り上がりました。今回のコロナショックにおいても，2022年を「スタートアップ創出元年」と掲げ，戦後の創業期に次ぐ日本の第２創業期を実現するため，さまざまな施策に取り組むことが岸田首相により発表されています。創業・起業の支援はこれからホットな業務になるでしょう。

　さらに，**事業承継**は，国家的な大きな課題の１つです。事業承継時においても財務面のフォローや銀行取引アドバイスが重要です。景気がよい時も悪い時も相談が絶えません。

　中小企業支援を行っている士業，コンサルタントが財務支援に取り組めば，活躍の幅を広げることができます。本書をきっかけに中小企業の資金繰り改善支援の専門家として活躍する方々が増えたら嬉しく思います。

　2023年６月

赤沼　慎太郎

目　　次

はじめに ——なぜ行政書士の私が資金繰りサポートをしているのか？

第1章　高まる資金繰りサポートへのニーズ……………1

Q1　コロナ禍・円安・物価高の今，経営者が抱える悩みは？…2
Q2　財務支援＝税理士ではないの？…3
Q3　ゼロスタートでも財務コンサルタントになれる？…4
Q4　コンサル先の顧問税理士との関係はどうなる？…5
Q5　どうすれば顧問契約を獲得できる？…6
Q6　報酬設定はどうすべき？…9
Q7　すでに顧問契約がある場合の追加サービスとしたい場合は？…13
Q8　「○○士が資金繰りサポート？」社長に納得してもらうには？…15
Q9　社長と良好な関係性をどう作る？…16
Q10　資金繰りサポートに必要な人脈をどう作る？…17
Q11　資金繰りサポートに必要な知識はどう学ぶ？…19

士業の体験談①　財務面の悩みはどの事業者も共通。クライアントに寄り添い成長を促す（行政書士／木村勇土）…20
士業の体験談②　税理士として単価のアップ，差別化，クライアントの解約防止の効果を実感（税理士／吉田雅一）…21
士業の体験談③　不動産関連法務の事業に財務支援をプラスして長期的な関係を築く（行政書士／國立大助）…23

第2章 中小企業における資金繰りの重要性……………25

Q12 資金繰りは会社にとってなぜ重要？…26
Q13 資金繰りはなぜ悪化する？ 原因は？…27
Q14 中小企業で資金繰り管理はきちんと行われている？…30
Q15 資金繰りサポートでできることは？…31

COLUMN① 資金繰り管理が疎かで経営悪化に気が付いていなかった
会社の事例…33
COLUMN② サポートにより未来の資金繰りを把握することで経営に
集中できるようになった会社の事例…35

第3章 経営状況の把握が資金繰りサポートの第一歩……39

Q16 決算書から経営状況をどう把握する？…40
Q17 財務分析の勘所は？…42
Q18 財務分析から資金繰り状況を診る方法は？…45
Q19 資金繰り表とはどんな資料？…48
Q20 資金繰り表から経営状況をどう判断する？…50

COLUMN③ ［演習］3社の資金繰り表から経営状況を判断してみよ
う！…54
COLUMN④ 右肩上がりで急成長中なのに落とし穴？ という事例
…57

第4章 資金繰りサポートの実践…………………………59

Q21 クライアントの資金繰り管理はどうやって進める？…60

Q22　月次資金繰り表の科目にはどんなものがある？…62

Q23　実績資金繰り表はどうやって作る？…65

Q24　資金繰り予定表はどうやって作る？…67

Q25　資金繰りの予実管理はどうする？…70

Q26　資金繰りを上手に回す7つの方法とは？…72

Q27　「売上金回収サイトを短くする」とは？…74

Q28　「支払いサイトを長くする」とは？…76

Q29　「在庫を削減する」とは？…77

COLUMN⑤　厳しい資金繰りから経常収支の改善を図るには…78

第5章　資金繰りサポートに欠かせない資金調達の基礎知識……81

Q30　資金調達にはどのようなものがある？…82

Q31　融資はどう使い分ける？…86

Q32　信用保証協会の保証付融資とプロパー融資はどう違う？…90

Q33　担保があれば借りられる金額は増える？…96

Q34　銀行融資以外の方法で資金調達するには？…106

COLUMN⑥　事業拡大したい会社をどうサポートする？…121

第6章　資金調達における銀行との交渉をサポートする……125

Q35　金融機関にはどのような種類がある？…126

Q36　最適な金融機関はどう選ぶ？…131

Q37　新規の取引はどう始める？…134

Q38　銀行はどうやって融資判断する？…139

Q39　決算書はどこが見られる？…143

Q40　信用格付とは？…152

Q41　事業性評価とは？…160

Q42 融資を受けた後にやってはいけないこととは？…162

Q43 支店長や担当者と顧問先経営者のソリが合わない場合はどうする？…165

COLUMN⑦ 取引銀行から積極的な提案がもらえる会社の取り組み …169

第**7**章 **資金調達における銀行提出書類の作成**………173

Q44 銀行融資で提出する書類にはどのようなものがある？…174

Q45 事業計画書はどう作成する？…175

Q46 損益計画はどこを見られる？…176

Q47 資金繰り予定表の作成ポイントとは？…178

Q48 金融機関取引明細書とは？…180

Q49 事業計画概要書はどう作成する？…182

Q50 資金調達の達成後に取り組むべきことは？…184

読者限定特典のお知らせ…189

第 1 章

高まる資金繰りサポート
へのニーズ

Q1 コロナ禍・円安・物価高の今，経営者が抱える悩みは？

　新型コロナウイルス感染症の影響が長期化し，さらに，ロシア・ウクライナ情勢，原油等の資源高，円安，それらの影響で物価が高騰してインフレになるなど，経済の先行きは不透明です。この状況下で，多くの中小企業は経営環境が複雑化し，**資金繰りの悪化の改善も一筋縄ではいかない状況**となっています。

　中小企業経営者の悩みは「カネ」と「ヒト」の問題が大半です。そして，両者は複雑に絡み合っています。人材不足が売上減少に繋がり，資金繰りに懸念が出たり，人材を確保するために給与水準を上げなければならなくなり，その負担により資金繰りに懸念が出たり……。

　もちろん，こうした状況は従来からありましたが，**コロナ禍以降に拍車がかかっています**。

　企業が生きるか死ぬかは，資金繰り次第です。資金繰りを回していくためには，売上が必要で，売上を上げるためには人材が必要だというように，すべてが繋がっています。ただ，上手に資金調達をしながら，改善して難局を乗り越えることは可能です。

　しかし，残念なことに，**多くの中小企業経営者は，資金繰りの管理が苦手**です。大事なことだと本能的に理解をしても，その具体的対応策や管理方法を知らないことがほとんどです。また，知っていても，後回しにしがちです。

　なぜなら，資金繰りの管理は売上に直接繋がらないバックオフィス業務だからです。それゆえ，資金繰り管理よりも**営業活動に時間と労力をかけたほうがよい**と考えがちです。

　しかし，資金繰り状況を把握しないで，営業活動に時間をかけても十分な効果を発揮できません。これまでに多くの中小企業の財務支援をしてきて明確に

断言できることです。

　財務管理，資金繰り管理ができていなければ，一体いくらの売上を目指すべきかという目標数字がわかりません。

　多くの社長は，売上目標を立てる時，「前年比」を1つの基準にします。ただ，「その目標を達成すれば，資金繰りに心配はなくなるのか」「目標を達成した社員にボーナスを支給するなど報いることができるのか」について確信を持っていない場合がほとんどです。

　ここで，財務コンサルタントがクライアント企業の財務状況の実態を正しく把握し，資金繰り見込みを示し，そこから逆算して目標売上高を算出すれば，社長は明確な売上目標を知ることができます。すると，自信を持って社員に目標数字を伝えられます。数字に根拠があり，自信があることで言葉の力強さが違いますので社員によく伝わり，目標達成の可能性も高まります。

　財務支援はバックオフィスの支援の色が強いですが，営業面にも大きく影響を与え，結果的に売上アップにも繋がります。中小企業経営者が求めているのは，そのようなコンサルタントです！

Q2　財務支援＝税理士ではないの？

「赤沼さんのやっている財務支援は税理士の仕事ではないのですか？」
これまでにさんざん受けた質問です。

　たしかに，財務というのは，会社の数字に関する仕事です。会社の数字の専

門家といえば一般的なイメージは税理士です。そのため，「財務支援＝税理士」
と考える方も多いでしょう。

　しかし，税理士は税務の専門家であり，必ずしも財務の専門家ではありませ
ん。「税務」と「財務」はよく似た言葉ですが，中身はまったく違います。や
ることが違いますので，税理士なら対応できるというものではありません。も
ちろん，最近は，税理士の財務支援への意識は高く，財務支援も含めて顧問先
支援をしている方も多いですが，イコールではないので，「いざ資金繰りに
困って顧問税理士に頼ってみたら期待する支援を受けられずにガッカリした」
という話も少なくありません。

　では，**財務支援の専門家とはどの資格業なのか？**　実は，「財務の支援をす
る専門家はこの士業だ」というのはありません。実際，私の周りには，元銀行
員，中小企業診断士，税理士，そして私のような一見財務とは関係なさそうな
行政書士など，さまざまな経歴のプレイヤーがいます。**資格は特に問題ではな
く，課題解決の実務力があるかどうかが重要**です。

　あなたがどのような資格を持っていようが，持っていなかろうが，**実務力を
付ければ活躍の場はいくらでもあります。**

Q3 ゼロスタートでも 財務コンサルタントになれる？

　私は，2010年より士業，経営コンサルタント向けの財務支援の勉強会「赤沼
創経塾」を運営し，12年以上が経過しました。会員の多くは，これからはじめ
て財務支援に取り組もうと考えている方々です。**「はじめてでも大丈夫です
か？」**という質問を受けることが沢山あります。私の答えはいつでも，「**もち**

ろん，できます」。

　私自身がゼロスタートでした。恥ずかしい話ですが，「粗利」という言葉の意味もよく理解していませんでしたし，P/L（損益計算書）のことを，「B/L」といい間違ったりして，相手に3秒くらい「？」という顔をされたこともあります。

　私がこの業務に興味を持ったきっかけは，金融機関の方が会社の3期分の決算書をさっと見ただけでその会社の経営状況を読み解いているのを目の当たりにしたことです。「数字を読めるってカッコイイ！」と思いました。そこから，決算書の見方，資金繰り，財務管理など会社の数字に関して一生懸命勉強しました。さらに現場を経験しながらコンサルティングノウハウを身に付けました。

　本書で知識を身に付けたなら，ぜひ，実際にクライアント支援に取り組んで実務力を高めていってください。読むだけでは，知識はあっても実務力のあるコンサルタントにはなれません。
　具体的に支援に取り組むという行動をすることで本書が役に立つでしょう。

Q4　コンサル先の顧問税理士との関係はどうなる？

「顧問税理士とバッティングしませんか？」
　これもよくいただく質問です。結論から申し上げますと，**「バッティングしません」**。なぜなら，先にもお伝えした通り，「財務」と「税務」は違うからです。
　顧問先に関与している顧問税理士は，租税の賦課・徴収に関する行政事務を

行う税務の専門家として，企業の法人税や消費税などの税金の申告と，そのために必要な書類作成，事務手続を的確に処理します。

一方，財務は，納税のための管理ではなく，企業が安定的に発展していくために必要な計数管理や予実管理，資金繰りの管理，資金調達の検討などをします。クライアントの事業を理解し，経営に関する知識と経験が必要です。

顧問税理士も財務支援を行っている場合であれば当然バッティングする部分がありますが，そうでなければ税理士以外が財務の支援を行っても競合はしません。私の顧問先にも顧問税理士がいますが，**共にクライアント企業を支援するというスタンスで協力関係**にあります。

税務と財務は別ものであり，それぞれが企業経営において重要なものだからです。

税務に関する分野では，税理士は絶対的な存在です。それに対し，財務に関してはそういった存在はありません。逆にいえば，税理士を含め，あらゆる企業支援者にとってそこにビジネスチャンスがあります。

Q5 どうすれば顧問契約を獲得できる？

財務コンサルティングの支援は基本的に顧問契約で行います。これは，多くの方にとって魅力的なことでしょう。顧問契約を獲得できれば契約が続く限り毎月顧問料が入り，**事務所経営は安定**します。それでは，**どのようにすれば顧問契約を獲得できるでしょう？**

その答えは簡単ではありません。実務力も重要ですが，そもそも顧問先を獲得できなければ，その力を発揮することができません。つまり，営業力も重要

です。営業指南の本ではありませんので，集客についての施策に関しては触れませんが，実務的な流れを解説すると，私が顧問契約を獲得する流れは，「相談⇨スポット支援⇨顧問契約」「相談⇨顧問契約」の2つです。

❶　相談⇨スポット支援⇨顧問契約

　私の場合，「資金調達をしたい」という相談が1つの入り口になります。資金調達が可能なクライアントであれば，スポット業務として資金調達の支援，具体的には，事業計画の作成の支援を中心に行います。

　しかし，資金調達の支援が必要なクライアントの多くは，財務面に大きな課題を持っています。そこを改善しなければ，資金調達したところでそのお金は早晩枯渇します。一時的に資金繰りを安定させた間に本質的な改善活動を行わなければ意味がありません。それを計画書作りの過程でお伝えして，顧問契約にて改善活動を行うことをおすすめします。

　一方，資金調達の相談で，状況的に新規融資が見込めないケースも多くあります。その場合は，資金調達は難しい旨を伝え，資金繰りを回すために返済のリスケジュール（以下，リスケ）をすすめます。

　リスケのためには，経営改善計画の作成と計画実行支援が必要です。**私はリスケをスポット支援では受け付けていません**ので，この場合ははじめから顧問契約です。スポットで受けない理由は，経営改善計画の作成だけで関与し，その計画を取引銀行に説明して納得を得て**リスケに応じてもらったとして，その計画が実行できなければ，一向に経営はよくならないから**です。

　応じた銀行もいつまでもリスケを続ける会社を見てどう思うでしょう？　「あの時に説明に同席していたコンサルタントは，あれ以来一度も見かけない。計画を作っただけで何も支援しないコンサルタントだったんだ」となり，私は信頼を失うことでしょう。そもそも，そのような中途半端な関与では，事業再生は果たせず，何の価値もありません。**事業再生で関与するなら顧問契約として支援するのが私のスタンス**です。

❷ 相談⇨顧問契約

　相談を受けてそのまま顧問契約になるケースもあります。上記のリスケの
ケースも，結果的に相談からスポット支援を経ずに顧問契約になりますが，こ
ちらは，相談者がはじめから顧問契約を目的に相談に来るパターンです。私の
執筆した書籍やメルマガを読んだり，YouTubeを見たりして相談に来てくだ
さる方々です。事前に下調べをして，ある程度私の考え方に共感し，私を信頼
してくださっています。

　こうした相談者は，資金繰りに課題があって，何とかしたいと思っているけ
れど，近くに頼れる専門家がいないため，本を買ったり，ネットで検索してみ
たりして私を知るに至ったわけです。このように，日頃から情報発信をするこ
とが，自分を知ってもらうきっかけ作りに繋がり，集客にも活きます。

　私は，コロナ禍になった後の2020年５月よりYouTubeをスタートし，３年
経った2023年５月現在において，アップしている動画の数は250本以上，登録
者は6,800名を超えます。これだけの数の動画をアップするのはかなり大変
ですが，ここから相談に来る経営者は意外と多く，登録者は多くはないものの集
客に役立つと実感しています。また，メールマガジンは2006年から続けていま
すが，今でも主力の営業ツールです。

　資金繰りの相談をする上で，相手がどんな考えを持っていて，どんな人物なの
か，どのような実績があるのかというのは，とても気になるポイントだと思いま
す。そうした部分を知ってもらうためにも，情報発信を続けることは重要な取り
組みになります。YouTubeもメールマガジンも無料ですので，ぜひ登録してみ
てください。

■起業家・経営者のための「使える情報」マガジン
　https://akanumashintaro.com/tool/
■赤沼慎太郎公式YouTubeチャンネル
　https://www.youtube.com/@akanuma

Q6　報酬設定はどうすべき？

　資金調達支援や資金繰り改善のコンサルティング契約に関する料金設定について悩む方も少なくありません。これが正解だということではありませんが，1つの参考としていただければと思います。

❶　資金調達支援

　資金調達支援はいわゆるスポットサービスです。私は，図表1-1のような報酬規定としています。

図表1-1　報酬規定

業務内容	報酬（税抜）	備考
面談相談	3万円	対応時間：2時間
創業融資支援	着手金：10万円 成功報酬：融資実行額の5％ （成功報酬からは着手金を差し引く）	創業計画書の作成
資金調達支援	着手金：15万円〜 成功報酬：融資実行額の5％ （成功報酬からは着手金を差し引く）	事業計画書の作成

　スポットの面談相談は，2時間で3万円（税抜）です。30分や1時間毎に単価を設定するタイムチャージでもよいと思いますが，私は1回2時間と決めて料金設定をしています。結果的に1時間半程度で終了することもありますし，長引いて2時間半くらい面談をすることもありますが，値引きや料金追加は原則しません。だいたい2時間程度あれば初回の相談としては十分です。

　マーケティング的な観点からすれば，相談は無料としてもよいかもしれません。ただ，資金調達に関する相談は，「とりあえず話だけ聞いてみたい」というライトな相談も多いです。「本気の方にこちらも本気で対応する」というのが私にとってはストレスフリーなので，無料対応は原則していません。

　具体的な資金調達支援では，着手金と成功報酬の2段構えの料金設定にしています。

　着手金は，事業計画書の作成報酬という最低限にしています。創業融資の場合は，着手金10万円（税抜），創業ではない通常の事業融資の場合は着手金15万円（税抜）〜 です。通常の事業融資に関わる事業計画書の作成のほうが難易度も高く，時間がかかる傾向にあるためです。成功報酬は融資実行額の5％で，成功報酬から着手金を差し引くのは，創業融資も通常の事業融資も同じです。したがって，仕上がりが融資実行額の5％というのは変わりません。ただ，通常の事業融資の案件のほうが調達額が大きいことが多く，結果的に報酬額も大きくなります。

　万が一，融資が否決となり資金調達ができない場合でも，着手金の返金はしていません。着手金ゼロ，完全成功報酬を謳っている会社や事務所もありますが，事業計画の作成にきちんと対応するために，それに見合う報酬をもらって真剣に取り組むほうがお互いによい結果に繋がると考えています。

　規模を大きくして大量受注，大量処理をする方針であれば，入り口のハードルを下げるために，着手金ゼロとするのも合理的なのかもしれません。ただ，大量受注，大量処理といった機械的な対応が個人的に好きではありません。対

応するスタッフによってブレが大きく，場合によっては仕事が雑であったり，稚拙な計画書になる傾向があるからです（実際，金融機関からもそういった話をよく耳にします）。

❷　資金繰り改善コンサルティング

　資金繰り改善に関するコンサルティングは，いわゆる財務コンサルティングの契約です。私は顧問契約でしか原則対応していません。

　これまでに数多くの支援をし，スポット業務で資金調達の支援をするだけではクライアントの財務改善は達成できないと痛感してきました。財務を改善するには時間がかかり，定期的な関与によってしか改善は難しいからです。私は，図表1-2のような顧問報酬規定としています。

図表1-2　顧問報酬規定

月額報酬（税抜）	クライアントの年商規模の目安	内容
5万円～	創業期の会社	
10万円～	年商1億円未満の会社	
15万円～	年商1億円以上3億円未満の会社	
18万円～	年商3億円以上5億円未満の会社	原則，月1回の訪問
20万円～	年商5億円以上10億円未満の会社	電話，メール相談無制限
25万円～	年商10億円以上15億円未満の会社	
30万円～	年商15億円以上20億円未満の会社	
35万円～	年商20億円以上の会社	

　おおよその目安であり，顧問先が求めるサービスによっては上記プラスオンで月額報酬を決定します。

　私は**会社の売上高の規模**によって報酬額を変えています。規模を測る指標に

は売上高の他に資本金，社員数等いろいろあります。例えば，社会保険労務士は社員数で判断することが多いですし，司法書士は資本金の額で見ることが多いようです。税理士は売上規模で見たり，会計記帳業務に関しては，仕訳数で判断するようです。

　財務コンサルティングにおいては，売上規模が大きくなるほど顧問料も増加する関係にあります。関与する会社は小さくても年商1億円以上の会社となることがほとんどです。したがって，実際は最低15万円（税抜）〜となります。

　しかし，創業融資支援で関わったクライアントからの要望で，創業期から顧問で関与するケースもあります。その場合は，創業期の特別価格として月額5万円から対応することもあります。

　はじめて財務コンサルティングに取り組む場合は，創業融資の支援をきっかけに信頼関係を築き，そのまま財務コンサルティングを契約する流れを作れると，経験を積むことができておすすめです。私も初期の頃はそのようにしてきました。

　ただし，**いつまでも月額5万円では赤字**になります。2年や3年経過後には，通常の報酬額に変更すべきでしょう。

　私の場合，顧問先のボリュームゾーンは年商3億〜5億円です。1社あたりの顧問料は15万〜20万円（税抜）がスタンダードです。高額と感じる方もいるかもしれません。ただ，財務コンサルティングは，1社あたりにかなり深く関与しますので，数を持つことは難しいのです。

　私の感覚では1人あたりが対応できるのは**15社程度**です。一時期20社対応していたこともありますが，忙殺されます。事務所から近くのクライアントばかりであればよいのですが，遠方の顧問先が多いと移動時間も含めると訪問の度にまる1日かかります。

　それくらいの工数ですので，1社あたり3万〜5万円ではとてもやりきれません。**手間と時間と効果を考えれば，15万円は逆に安いくらいでしょう。**

　自ら5万円程度に設定するなど安売りして，結局やりきれなければ元も子も
ありません。安ければクライアントは喜ぶのでしょうか？　**クライアントは成
果を出すから喜んでくれるのです。そこを絶対に間違えてはいけません。**

　**成果を出すためにも，適正な報酬をもらい，責任と覚悟を持って取り組むこ
とが肝要です。**

Q7　すでに顧問契約がある場合の追加サービスとしたい場合は？

　税理士や社会保険労務士など通常の業務の中で，**すでにクライアントと顧問
契約で関与しているケース**も多くあります。そうした場合，どのように料金を
追加すべきか悩むでしょう。

　特に税理士のケースでその傾向が強いです。元々の税務顧問は「会社の数
字」を見るのが仕事であり，追加の財務コンサルティングも同じく「会社の数
字」を見るものであるため，これまでの業務の延長線，もしくは派生的な仕事
のように社長に捉えられてしまって，すみ分けが難しく感じるようです。

　しかし，前述の通り，同じ「会社の数字を見る仕事」であっても「財務」と
「税務」はやることが違います。税務顧問にプラスアルファで財務コンサル
ティングもする場合は，当然のことながら工数が大きく増えますので，それに
伴って顧問料をプラスオンしなければなりません。しかし，その**顧問料アップ
を顧問先に納得してもらうことが難しく感じる方が多いようです**。その結果，
顧問料を上げずに，もしくは上げても数万円の微増という本来の財務コンサル
ティングに対する対価を請求せずに取り組んでしまうケースを多く聞きます。
そうすると，非常に中途半端な支援となりがちです。正当な対価としての顧問

14

報酬がないと，その業務に対してかけられる時間が限られるからです。

　財務コンサルティングは，クライアントの資金繰りを見ます。電話とメールだけでの関与や3ヶ月〜半年に1度，数時間の面談をする程度ではとても対応できません。

　さらに，クライアントも，追加費用をそれほど支払っていないので，本気度が足りません。**経営改善の成果を出すためには，社長自身の覚悟と行動力が重要**です。それが不十分では成果を出すことは難しくなります。

　このように，遠慮や優しさから正当な報酬を貰わないと，すべてが中途半端となり，お互いに不幸です。中途半端に財務コンサルティング契約をしたことで，クライアントからの信頼を失い，本業である税務顧問まで解約になってしまっては，元も子もありません。

　そのような最悪のケースを防ぐためにも，新たに取り組む財務コンサルティングの業務内容とその効果，これまでの顧問契約の業務との違いを明確に伝え，それ相応の顧問料がかかることを正々堂々と伝えて納得を得ることが肝要です。

　テクニック的な面でいえば，税務顧問と財務コンサルティング顧問につき**対応する担当者を分ける**ことも効果的です。同じ担当者が対応すると，どうしてもそのすみ分けが曖昧で，プラスで払っていることへのバリューを感じにくくなります。さらには，財務支援に関しては別途コンサルティング会社をグループ企業として設立して，顧問報酬の請求元を分けるのも一案です。

　何よりもサービスを提供する側が，クライアントに対して変な遠慮をしてしまうことのないように正しくマインドセットをすることが重要です。

Q8 「○○士が資金繰りサポート？」社長に納得してもらうには？

　Q2の「財務支援＝税理士ではないの？」に近い質問です。たしかにこの質問も多くあります。例えば，私は行政書士ですが，「行政書士が資金繰りサポート？」「行政書士は許認可手続きが専門の人じゃないの？」「本当にできるの？」と，クライアントが懐疑的になることがあるかもしれません。

　しかし，私自身はあまり気にしていません。**私は行政書士ですが，その前に財務コンサルタントであるという意識**が強いからです。「財務コンサルタントなんだから資金繰りサポートをするのは当然」です。そうしたマインドセットは重要だと思います。

　ただ，そうはいっても，士業としてのキャリアがあって，プラスアルファで財務コンサルティングに取り組む場合には，その士業としてのイメージが自分自身にも対外的にも強く付いていることもあるでしょう。その場合に財務コンサルティングの専門家だと認識してもらうためには，やはり**情報発信をしていく**ほかありません。

　士業はその資格から専門分野を理解してもらいやすいですが，一般的な会社はそうではありません。会社の専門分野を認識してもらうために情報発信をするのが普通です。士業も同様に，その**資格から連想できない分野についての専門性を認識してもらう**ためには，積極的な情報発信がマストです。

　経営者が相談する相手の資格について，そこまで意識しているかといえば，していない方が多いと思います。私自身，あまりそういう質問をされません。
　専門家としてアピールするためには，**ホームページやSNSなど**インターネッ

トを活用した情報発信はもちろん，**セミナー**などの講師を務めるなども有効です。

　さらに，最近は財務コンサルティング分野に関する**民間資格**もいくつかあります。例えば，一般社団法人銀行融資診断士協会による「銀行融資診断士」もその1つです（私は，この協会の理事を務めています）。このような民間資格を取得して，名刺に記載すれば，対外的にわかりやすくなります。

Q9 社長と良好な関係性をどう作る？

　会社の資金繰りは，トップシークレットです。安易に対外的に開示するようなものではありません。それゆえ，社長からの信頼を得なければ資金繰りのサポートの依頼を受けることはできません。さらに，顧問契約後も信頼関係を深め，良好な関係を維持しなければ円滑な支援はできません。

　良好な関係は，どう構築するのでしょうか？　社長をおだてて仲良くするということとは違います。**必要以上に迎合しすぎて，顧問先の社長のYESマンのようになるのはむしろ問題**です。

　なぜなら，財務改善を支援すると，社長にとっては耳が痛いことを指摘しなければならないシーンが沢山あるからです。そうした時に，社長に遠慮したり，顧問契約の解除を恐れていうべきことをいえなかったりでは，存在価値がありません。

　私は，性格的に他者との距離を縮めて，親しくなることが比較的得意です。それを意識して何か特別なことをするタイプではありませんが，①**社長の話をよく聞くこと**，②**レスポンスは早くすること**，③**丁寧にわかりやすく伝えること**の3点は意識しています。

　また，コンサルタントとクライアントという関係であってもその前提は「人と人」です。相手のために本気になって仕事を成し遂げるという気持ちが伝われば，相手もその人間を信頼しようと思います。

　あとは，私はお酒を飲むのが好きなので，会社へ訪問した日の夜には，社長とお酒の席をご一緒することが多くあります。オフィスではしないようなプライベートの話や趣味の話，くだらない話などを共有できて距離を縮めやすいというメリットがあります。

　顧問先の社長と経営改善の取り組みについて話し合うと，お互いに熱くなってヒートアップすることもあります。もちろん喧嘩ではないので，それが原因で顧問契約の解除になったことは一度もありません。むしろ，**お互いに腹を割って意見をぶつけ合ったことで，さらに信頼関係は深まる**ことが多いです。

Q10　資金繰りサポートに必要な人脈をどう作る？

　資金繰りの改善など財務支援の場面では，自分自身の知識やノウハウでは対応し切れないケースも多くあります。例えば，「遊休不動産を売却してそのお金で負債を圧縮しよう」「加入している生命保険を見直していざというときの保障を厚くしておこう」「水道光熱費の削減に取り組もう」「回収が焦げ付いている売掛金について売掛先に督促しよう」などの，取り組みをする際に，その分野の専門家のアドバイスが必要になることが多くあります。そうした時に，信頼できる専門家がいないと着手することができません。したがって，**各種専門家との人脈を構築することは非常に重要な取り組み**です。

　人脈をどのように構築するかは，人それぞれですが，行動をしなければ達成できません。例えば，異業種交流会に参加するというのは，誰もが思いつきま

す。「参加したことはあるけれどなかなか人脈構築というほどの関係を作れない」という方もいますが，最初からクライアントの財務支援で連携することをイメージして参加すれば，仕事に役立つ出会いに繋がりやすくなるでしょう。

　ただ，実際に私が今お付き合いしている各種専門家との出会いを振り返ると，紹介もしくは同じ勉強会に参加していたというのが多いです。紹介は，信頼している方が信頼している方を紹介してくれるので，スムーズで安心です。勉強会は，1回きりではなく，数ヶ月同じテーマの勉強をするようなもので，顔を合わす頻度が多いものが関係作りに役立ちます。

　私の主宰している財務支援の勉強会「赤沼創経塾」の会員も，士業をはじめ経営コンサルタント，FP，保険営業の方などさまざまです。そのため，会員同士で専門とする分野で協力しながら顧客対応をするケースがありますし，私も会員の専門分野の力を借りることが多くあります。

　関心のある勉強会に参加して同じ関心を持つ仲間を作り，その仲間からさらに紹介を得ながら人脈を広げていくというのが最も確実性の高い取り組みだと思います。

Q11 資金繰りサポートに必要な知識はどう学ぶ？

　資金繰りサポートに必要な知識については，本書のような書籍以外にもいろいろな情報の入手手段があります。例えば，インターネットで検索して専門家の書いている記事を読むこともできますし，最近ではYouTubeにも財務支援に関するノウハウ動画が沢山上がっています（私も2020年５月からYouTubeを始め，2023年５月現在において250本以上の動画をアップしています。知り合いの財務コンサルタントも何人かYouTubeをやっていますし，そのほかにも資金繰りや資金調達に関する動画が沢山あります。それらを参考にしてもよいと思います）。

　ただ，**どの情報が正しくて，どの情報が不正確かという取捨選択**ができないと，情報が多すぎて困ってしまいます。自分の経験談を伝えているだけで，レギュラーとイレギュラーの違いを正しく理解しないまま発信している人もいます。受け手側が判断力を付けないと，情報に踊らされてしまうでしょう。「元銀行員」や「現役経営者」「○○士」といった肩書きだけで判断するのは正しくありません。

　ノウハウや情報を得ることは，コンサルタントにおける「仕入れ」です。仕入れを無料でしようという発想は正しいとはいえないかもしれません。自信を持って実務をしていくためには，実践的かつ正しい情報を得ることが極めて重要です。もちろん，有料のセミナーや講座でも，その内容をしっかり判断して受講するべきです。現役でコンサルティングをしていない，「講師業」メインの方のセミナーや講座もあります。

　コンサルノウハウを仕入れるのであれば，現役でコンサルティングをしている人から学ぶのが最も効果的でしょう。

士業の体験談①

財務面の悩みはどの事業者も共通。クライアントに寄り添い成長を促す

木村 勇士（行政書士）

飲食業界・運送業界で管理職を経験後，2019年に神奈川県茅ヶ崎市にて行政書士事務所を開業。許認可申請・融資・補助金を中心に年間200件以上のご相談をお受けしており，各監査対応や従業員対策，資金繰り改善など法人様への実務的な経営支援も強みとしています。

木村行政書士事務所

TEL：0467-80-2678

事務所HP：https://kimura-gyouseishosi.com/

運送業サポートHP：https://kimura-gyouseishosi.com/car/

——行政書士としての本業は？

弊所では運送/建設/産廃/風営/外国人ビザを中心とした許可申請の代行や補助金申請業務を主に取り扱っています。

事業者に向けてサービスをご提供する機会が多く，さまざまな業種と取引をしています。許認可や補助金申請の相談時には，それらに付随する他の相談も多くあります。相談内容として，どの事業者にも共通してある悩みは人材面や財務面についてです。

——財務コンサルティングに取り組みたいと考えた理由は？

相談対応をする中で，一般論や経験値としての回答・アドバイスはしているものの，本当に意味のあるアドバイスになっているのか，解決策を提示できているのかが確信がありませんでした。売上を拡大し会社を成長させていくお手伝いをしたいという思いから，財務面からの支援を考えるようになりました。

——顧問先をどう獲得した？

最初は紹介により取引が始まりました。相談のはじめは「許可を取得したい」ということでしたが，資金面としても許可要件を満たせず，財務諸表からも日々の資金繰りがよくない状況が続いていることがわかりました。

単発の資金調達の支援よりも財務面の改善の支援をしたほうがクライアントのためになると思い，顧問契約として継続した支援をすることになりました。

——実際にやってみて感じるのは？

事業者の悩みはさまざまで，業種も異

なりますが，共通してある悩みは財務面です。そして相談できる相手がいないことがほとんどです。

　ニーズとしては多いのに，応えることができる専門家がとても少なく，支援によって成長速度や方向性が変わる可能性がある事業者が多く存在することを実感しています。

　財務面の悩みをしっかりと課題として落とし込み，解決をするための立案やアドバイスをして事業者に伴走することは，専門性がありとてもやりがいを感じています。

　各事業者の財務面の問題点が同じであることはなく，改善方法やスピード感などクライアントの求めるものも多種多様です。そのため今後も財務コンサルティングは必要とされ続け，さらにコンサルティング内容の向上も期待され続けていくと思います。

　財務コンサルティングによりクライアントに寄り添い成長を促すことができるように私自身も研鑽と経験を重ね，事業者へ実務的で本当に必要な支援を提供し続けていきたいと思います。

士業の体験談②

税理士として単価のアップ，差別化，クライアントの解約防止の効果を実感

吉田　雅一（税理士）

Ｌ＆Ｂヨシダ税理士法人
新潟県新潟市中央区女池4-18-18- 3 階
TEL：025-383-8868
事務所HP：https://www.yoshida-zeimu.jp

──コンサルを始めたきっかけは？

　当社は年商 3 億円までの事業主に，税務顧問，財務支援，資金調達支援等を行っています。

　財務支援や資金調達支援をスタートしたのは，今から 6 ～ 7 前です。これら

に取り組もうと思ったきっかけは，クライアントのニーズに応えたいという思いと，集客力の強化です。当社の場合，以前は税務顧問一本で運営していましたが，クライアントが増えるにつれ，資金調達や資金繰りについての相談が増えま

した。ただ，この時はあまり力になれず，何とももどかしい思いをしていました。

そこで資金調達や資金繰りに強くなろうと，「財務コンサルタント養成講座」※を受講しました。初回に，財務についての理解度を測るテストが実施され，非常に低い点数をたたき出し，ショックを受けたのを覚えています。毎日業務の中で数字や決算書に触れていても，財務の力はついていないのだなと思い知り，猛勉強した結果，クライアントのご要望に臆することなく応えられるようになりました。同時に，当社のサービスラインナップに，「融資支援」や「財務コンサルティング」を用意することができました。

——どのような効果がありましたか？

これにより3つの効果がありました。

① 単価のアップ

顧問料だけではなく，融資支援報酬や財務コンサルティング報酬をいただけるようになったので，クライアント1件あたりの単価が上がりました。

② 差別化

税理士を探している方からすると，税理士事務所はどこも同じように見えると思います。そんな中「融資支援ができます」「財務コンサルティングができます」というメッセージはわかりやすくよい違いを作れます。

③ クライアントの解約防止

顧問先からのニーズがある融資相談や資金繰り相談に応えることができるようになったので，クライアント満足度が上がり，解約防止に繋がっていると思います。

——今後の展望は？

コロナ禍で資金繰りに苦戦するクライアントが目立ちます。融資支援や資金繰り支援を行うにも，財務状態が厳しくなる前に気が付き，手を打つことが重要です。現在は社内に財務に強い担当者を置き，クライアント担当者のサポートに入ってもらう社内体制にしています。今後は全社員に財務の知識とノウハウを十分に身に付けてもらい，素早く手を打てるようにしたいと考えています。

集客面では，今後はより厳しい環境になることが予想されます。当社の場合はWEB集客に力を入れていますが，顧問料相場の低価格化，広告費単価の高騰を実感しています。勝ち残るためには差別化が重要だと考えています。差別化商品としてニーズがあり，かつ税理士業務との相性がよいものが「融資支援」「資金繰り支援」だと思います。

※財務コンサルタント養成講座
https://soukeijuku.com/zaimu_consultant/

士業の体験談③

不動産関連法務の事業に財務支援をプラスして
長期的な関係を築く

國立　大助（行政書士）

1974生まれ。不動産仲介会社の㈱湘南プランニングの役員を兼務。大卒後，
すかいらーくグループのバーミヤンに入社し，地区長職や経営企画などを担当。2003年に退社
して現職に至る。不動産を財務の視点からとらえることを通じて中小企業の経営支援や再生支援
を20年間にわたり行っている。

プロテクト行政書士事務所
東京都港区芝大門1-16-5-3階
TEL：03-5733-0210
事務所HP：https://www.pg-kd.com

――本業は？

　不動産関連法務（事業再生フェーズの顧客が所有する不動産の企画・法務調査・書類作成）および不動産を含む遺言・相続・民事信託契約等）です。

――財務コンサルティングに取り組みたいと考えた理由は？

　従来は，行政書士業と兼業している不動産仲介業を通して，オフバランス施策推進の支援のみを行っていました。しかし，こうした支援は短期間の財務支援に限定されてしまい，継続的な支援は行えません。より長期的な支援が可能な財務支援コンサルティングに取り組みたいと考えました。

――顧問先をどう獲得？

　過去に再生支援をした顧客や，交流のある隣接士業からの紹介で，顧問契約を獲得し，現在，中古車販売会社，不動産会社などの顧問を務めています。

――実際にやってみてどう感じる？

　私は，元々，中小企業支援を行いたいと思っていました。その為，兼業する不動産仲介業においては，主に中小企業が所有する不良債権化した本社ビルや店舗，および社長の御自宅を守るため，任意売却やリースバック企画を実施することを専門にしています。

　ちなみに，こうした不動産売買では，通常の不動産売買と違い，「詐害行為に該当しないか」といった法務面での調査や，売買契約とは別に合意しなくてはならない事項についての合意書の作成が必要となります。この点は，正に行政書士

業務として執り行っています。

　不動産は，BSにおける総資産の中でも大きなウェイトを占めます。売却をすれば，その代金で負債を圧縮することができ，いわゆるBSのスリム化（オフバランス施策）になります。事業再生フェーズの企業にとって，不動産売却による負債の圧縮は，元本と支払利息の大幅な減少に繋がり，資金繰り改善に大きく寄与するため，その後の企業の再生計画を大きく前進させることとなります。もっとも，物件を売却してBSをスリムにしたくても，お店などの場合，売却後もお店の営業を続けるため利用し続ける必要があります。こうした場合は，物件の売却と同時に，賃貸借契約を買主との間で締結することにより，賃借人として物件の利用を継続できる企画（リースバック）を組むこととなります。

　私は元々の業務として，このような不動産企画を軸とした財務支援を行っていたのですが，こうした顧客については，物件売却に伴うスポット支援であるため，報酬を得る機会も1回のみでした。しかし，財務コンサルタントとなり，物件売却に伴うオフバランス施策にとどまらず，企業の経営企画担当として，顧客の広範な課題を支援することが可能となりました。従来の業務が終了した後も，顧問料という長期的・継続的なキャッシュポイントを得ています。

　単に私の収益が増えるというのではなく，事業再生フェーズにある顧客が最も希望する「資金繰り」についてのアドバイスを行うことが可能となりました。

　従来の不動産売却は，いわば外科的手術によって再起の可能性を提供するものでした。患者である顧客から見れば，手術後の経過を見ることなく医者が去るようなものでした。

　こうした顧客の不安の解消と希望に応えた結果として，私自身の収益が上がった点に，大きなメリットと将来性を感じています。

第2章

中小企業における
資金繰りの重要性

Q12 資金繰りは会社にとって なぜ重要？

❶ 中小企業の財務コンサルティングの肝は資金繰り管理

　会社の数字を話す際に，「売上が増えた・減った」「黒字・赤字」という話をします。これは会社の損益に関する話です。損益状況は会社にとって重要なテーマであり，社長の関心も高いです。

　しかし，**会社が生きるか死ぬかは，損益ではなく資金繰り**次第です。

　どんなに損益が赤字であっても資金繰りが回っている間は倒産しません。逆に，どんなに売上が伸びていても黒字であっても，資金繰りが詰まれば潰れます。

　売上が順調に伸びて黒字で推移していた会社が突然資金繰りに詰まって倒産するという話を聞いたことがあると思います。いわゆる「黒字倒産」というもので，資金繰りの破綻による倒産です。

　一方で，私のクライアントには，何年も赤字続きで困って相談に来たという会社もありますが，もちろん潰れていません。それは，必死に資金繰りを繋いでいるからです。

　このように，会社が存続できるかできないかは，黒字か赤字かという事が問題なのではなく，究極的には，資金繰りが回るかどうかです。

　損益がどれだけ赤字であっても，例えば，投資家からの出資，銀行や知人からの借入，資産の売却によってお金を作る等，資金を調達できて資金繰りを回せている間は，会社は潰れることはありません。

　会社の倒産の原因は，コンプライアンス違反や取引先の倒産による連鎖倒産，外部環境の変化，投資の失敗など，さまざまありますが，それらはきっかけに過ぎず，最終的にはそれらがきっかけとなって資金繰りが悪化することにより

経営破綻を引き起こします。

　以上のことから，**中小企業の財務コンサルティングの肝は資金繰り管理**です。

❷　中小企業の社長が担う役割は大きい

　資金繰りがひっ迫してしまっている会社の社長は，頭の中がそのことでいっぱいになってしまいます。

　中小企業の社長は，野球で例えるならばエースで 4 番，かつ監督です。そのようなキーマンである社長の頭の中が資金繰りの心配で，他のことを考える余裕がない状況になってしまうと，必然的に売上は下がり，その結果さらに資金繰りは悪化し，組織は元気をなくし，人材離れが起こり，店舗や商品は陳腐化し魅力が薄れ，さらに売上が下がっていくといった負のスパイラルに陥ってしまいます。

　クライアント企業がこのようなことにならない為にも，資金繰り管理のアドバイスは欠かせません。

Q13　資金繰りはなぜ悪化する？原因は？

　資金繰りが悪化する原因はさまざまですが，基本的にはシンプルに売上の入金よりも経費などの支出が多いことです。こういうと，「うちは，損益が黒字で法人税も支払っているのに，お金が足りない！」と憤慨する社長もいます。実際，決算書（損益計算書）を見ると黒字なのに，銀行通帳の残高が増えるどころか減っている会社は沢山あります。

　その理由は，とても簡単です。**損益計算書に表示されていない出金があるから**です。

❶ 借入金の元金返済

　代表的なものは，借入金の元金返済です。銀行から融資を受けたお金が売上に計上されないように，返済でお金が出ていっても，それは経費ではなく損益計算書には表示されません。

　借入金の返済は，税金を支払った後の利益で返済をします。もっと詳細にいえば，それに減価償却費をプラスした，いわゆる「キャッシュフロー」と呼ばれるもので返済します。

　説明がややこしくなるので，ここでは減価償却費の発生していない会社で，シンプルに税引後の利益で返済するケースで説明すると，税引後当期純利益が200万円の黒字であっても，年間の返済額が300万円であれば，100万円不足し，預金残高は100万円減るのです。

❷ 保険料

　同じように，損益計算書に出てこない出金としては，保険料があります。

　「保険料は損益計算書の経費科目にあるはず」と思うかもしれませんが，損益計算書に出てこない保険料があります。積立型の保険に入った場合の保険料は，一部や全部が保険積立金という貸借対照表の資産に計上するルールになっています。「全額損金」や「2分の1損金」という言葉を聞いたことはないでしょうか。全額損金というのは，全額経費にするもので，2分の1損金というのは，半分を経費に半分を資産に計上するという意味です。

　例えば，2分の1損金の積立型の保険に入った場合に年間100万円の保険料を支払っていた場合は，50万円は経費に計上されますが，残りの50万円は経費として計上されずに資産計上されます。したがって，その年の利益が100万円だった場合でも，50万円は経費に計上されていないので，本当は100万円マイナス50万円で50万円しか手元に残りません。

　極端な話，全額資産計上するタイプの積立型の保険に沢山入っていて年間で

500万円くらい保険料を払っている場合は，損益計算書では100万円の黒字でも，500万円は経費に含まれません。キャッシュフロー的には100万マイナス500万円で400万円の赤字となります。

❸　入金・出金のタイミング

　また，損益計算書に載っているけれど，**入金のタイミングや出金のタイミングで資金繰りが悪化するケース**も多くあります。「掛け取引」では，損益計算書の計上と入出金のタイミングにギャップが発生します。

　例えば，4月に150万円の商品を仕入れて300万円販売した場合，損益計算書には，4月に300万円の売上が発生して，一方で150万円の仕入れが発生し，粗利は150万円です。しかし，現実的には，4月に商品を販売して300万円の請求書を発行したものの，3ヶ月後の7月末日までその入金がない一方で，仕入代の150万円は5月末日に支払わなければならない場合，入金がないのに出金だけ発生するため，150万円のお金が不足します。このように，入金のタイミングが遅く，支払いのタイミングが早いという取引になっていると損益が黒字であっても資金繰りは厳しくなります。

❹　その他

　そのほかにも，在庫を仕入れすぎて売れるまでに時間がかかるとお金がモノに変わっている期間が長くなり，その間は資金繰りに使えないため資金繰りが厳しくなります。また，多額の設備投資をしてその投資回収に時間がかかることでも資金繰りが厳しくなります。

　このように，赤字の会社が資金繰りが厳しいのは当然のことですが，経営の現場では，**黒字の会社であっても，さまざまな原因によって資金繰りが厳しくなっている会社**があります。

　損益計算書というのは，会計上のルールの中で示された概念の数字なので，その利益額がお金として手元に残ることを意味しているわけではありません。手元にいくら残るかというのは，キャッシュフロー，つまり資金繰りを見なければ正しく把握できないのです。

　手元のお金が増えたか，減ったか，なぜ増えたのか，なぜ減ったのか，これから将来どれくらい増えるか，減るかを正しく把握するには，資金繰り表を作るのが最も効果的です。

Q14　中小企業で資金繰り管理はきちんと行われている？

　「手元のお金が増えたか・減ったか」「なぜ増えたのか・なぜ減ったのか」「これから将来どれくらい増えるか・減るか」を把握するには，資金繰り表を作るのが最も効果的と述べました。しかし，資金繰り表を実際に作っている中小企業は極めて少ないです。足し算と引き算しか使いませんし，いわゆる家計簿と同じようなとても簡単な資料ですが，単純に「面倒」だから作成しないのです。

　多くの社長は，限られた時間で売上に繋がる行動をします。集客，営業活動，商品開発といったいわゆる「攻め」のためには時間を割きますが，財務などの「守り」に関しては消極的です。

　中小企業の社長と話をすれば，頭の中に資金繰りのイメージがざっくりとあることがわかります。しかし，非常に大まかで，3ヶ月後や6ヶ月後という先の状況は予測できていません。結果，ギリギリのタイミングになって資金不足に気付き，慌てて金策に走ります。ギリギリだと，できることは限られます。

月末に資金不足が発生することに対してその月の20日頃に気付いても，あと10日ほどしかないので，銀行に融資を依頼しても間に合わないでしょう。

　財務状況が悪いわけではなく，資金の出入りのタイミングで発生した資金不足であり，時間的な余裕さえあれば銀行から融資を受けられるのに，**スピードを重視して金利の高いノンバンクを使わざるを得ない状況**になってしまうということも起こります。

　もし，3ヶ月前にその予兆に気付いていれば，じっくり必要金額を見積もった上で銀行から融資を受けられたでしょう。融資に頼らなくても，資金不足を回避するために必要な売上額を見積もって，その売上を達成する努力もできたかもしれません。手元の在庫を早く捌いて現金を作ることもできたでしょう。

　資金繰り管理をきちんとできていない会社は，その場しのぎの資金繰りとなり，貸借対照表にそれが表れ，結果的に財務状況も悪化していきます。

Q15　資金繰りサポートでできることは？

　きちんと資金繰り管理ができていないために経営状況が悪化している会社は多いです。外部の専門家がサポートをすれば，劇的な改善が可能です。サポートにより，資金繰りが改善するのはもちろんですが，結果的に売上が伸びることも沢山あります。

　例えば，社長に「今月の売上目標は3,000万円とありますが，なぜ3,000万円なのですか？」と聞くと，多くの場合「前年同月の売上が2,900万円だったから前年超えの目標数字です」というような回答があります。そこで「なるほど。

前年比較で算出したのですね。では社長，今月3,000万円の目標売上を達成したら，御社の資金繰りは問題ないですね？」と確認すると，「いや……，それはわからない」と答えることがほとんどです。

なぜこの社長は3,000万円の目標を立てるのでしょうか？　目標売上を達成すれば問題なく資金繰りが回るように資金繰り計画と一気通貫で連動していなければ繋がりません。

例えば，社長が出した目標数字を達成すべく現場の社員が頑張り，6ヶ月連続で目標達成したとします。社員は，当然のごとく，「今年の夏のボーナスが楽しみだ！」と期待します。ところが，売上目標の数字が資金繰りに連動していないと，ボーナスを出せるほど資金繰りに余裕がなかったりします。

こうなったら現場の社員はどう思うでしょう？　きっと，会社に失望し，優秀な人であればあるほど転職を考えます。そして，社長が頼りにしていた優秀な社員が次から次へと退社して，会社の状況はさらに悪くなっていくのです。

ボーナス原資として必要な資金を計算した上で，そこから必要な売上を資金繰りから逆算して売上目標を定め，資金繰りを管理した上で売上目標を達成できたなら支給できます。当たり前ですが，こうしたサポートをすることで会社の売上は伸びます。

資金繰りを根拠とした数字は，達成できれば計画を実行できるのが明確ですので，社長は自信を持って社員を鼓舞できます。私の顧問先には，このようなサポートで当初の売上が3〜5年で3倍，4倍，5倍になった会社も多いです。

資金繰り管理をルーティン化することで，会社の数字の把握が癖付いて，関心も高くなります。より資金繰りをよくするために，より財務内容をよくする為にはどのような取り組みをすべきなのかという意識も高くなり，全体的な財務状況が改善していきます。

COLUMN ①

資金繰り管理が疎かで経営悪化に
気が付いていなかった会社の事例

　「資金繰りが厳しいから資金調達をしたい」「資金繰りを改善するための支援をしてほしい」と相談に来る会社は，基本的に財務状況が芳しくありません。資金繰り状況をまったく把握できていない会社からは，資金繰りが悪い理由がさっぱりわからず，でも現実的に預金残高が減り，債務の支払いができないという相談も少なくありません。

　こういった相談を受ける際は，社長と話をしながら，即席の資金繰り表を目の前でエクセルを使って作ります。ざっくりとした売上の月の推移とその入金サイトを確認し，売上に連動する仕入れ代の割合，つまり原価率を聞いて，その支払いサイトも確認します。諸経費については，細かいことはよいので，大枠を捉えるために，決算書や試算表をヒントに月のおおよその経費の平均的なボリュームを見積もります。そして，毎月の返済額とその他損益計算書に出ていない支払い関係をヒアリングして入力していくと，今後12ヶ月程度のおおまかな月次の資金繰り予定表ができ上がります。

　表を見ると，「6ヶ月後に資金ショートの可能性があり，その後閑散期を迎えることで最大1,000万円不足するけれど，繁忙期を迎えた頃に資金がまた増えていく」などのお金の流れを知ることができます。あとはこれからどんな対策が考えられるかを話します。

　6ヶ月後の資金ショートを回避するための代表的な対策は，例えば以下のようなことが挙げられます。

・本業のキャッシュフローを高める
・設備等の資産の売却
・資金調達 or リスケ

　上記の施策を具体的に資金繰り表上で示します。例えば，「本業のキャッ

シュフローを高める」という施策であれば，「今の売上のボリュームを毎月100万円増やすことができたらこうなりますよ」「毎月の経費を50万円減らすことができたらこうなりますよ」とエクセルの資金繰り表で見せます。

　損益に課題のある会社に「売上を増やすべきです」「経費を減らすべきです」というアドバイスは誰でもできます。いわれたほうも，「そんなことわかっとるわ！」となります。

　資金繰り表を示して，それを達成することで将来のお金の動きが具体的にどうなるのかまで示せば，社長の反応は変わります。「こんなに違うんだ！」「これはやらないとダメだ」と素直に受け入れるでしょう。

　設備等の資産の売却をすることで対応する場合は，設備の売却で資金を捻出できれば，6ヶ月後の資金ショートは回避できます。ただし問題の先送りにしかならず，さらに数ヶ月後にはショートするでしょう。資金ショートが先延ばしできるとして，その先延ばしした期間で，本業のキャッシュフローを高めなければ意味がありません。このことを説明して納得してもらえれば，きっとその社長は，顧問契約を自ら申し出てくれるでしょう。

　資金調達やリスケも同じです。融資を受けても，本業のキャッシュフローを改善しなければ，問題の先送りにすぎません。取引銀行にリスケの承認を貰った場合は，銀行に提出した経営改善計画を必ず実現させねばなりません。

　コンサルタントは資金繰り状況を把握することからスタートします。それによって，「立て直しの可能性があるか？」「時間的な余裕があるか？」が把握でき，サポートプランを作成できるのです。

 COLUMN ②

サポートにより未来の資金繰りを把握することで
経営に集中できるようになった会社の事例

　「資金繰り表を作ったことで，先々が早い段階で予測でき，資金繰りの不安がぬぐえた。その結果，経営に集中することができ，売上がアップし，資金繰りが楽になってきた」と顧問先の社長から言われたら，第1段階の目標達成です。私としても価値を出すことができたとホッとする瞬間です。

　具体的に，私が関与した事例を紹介します。

A社…運送業
X社長…大の数字嫌い，管理嫌いで，典型的などんぶり経営型

　顧問契約をしたのは，A社が第6期目の時です。当時の年商は4,000万円程度と小さい規模の会社でした（年商1億円未満の会社と顧問契約をすることはあまり多くありませんが，縁があり契約しました）。
　過去の決算書を確認すると，創業以来第5期までずっと赤字です。聞いてみると，これまで何の管理もせず，来た仕事をただ受けて，社員や外注に支払って残ったお金で飲みにいくという感じでした。管理不足に加え，2年ほど前に始めた新規事業の不振もあり，まさに倒産一歩手前でした。
　本業自体は，それなりの強みがあり，伸ばしていける要素もありました。返済をリスケジュールして立て直しの時間を得られれば，何とか復活ができないこともなさそうでした。初回の面談でそれを社長に伝えたところ，「ぜひ立て直しのために最後の賭けだと思って頑張りたい」とのことでした。

　2週間後，改めてキックオフのミーティングのために訪問すると，早速新規事業から撤退していました。行動の速さと素直さには驚きました（新規事業が不振でも，投下した時間とお金や対外的な見栄から撤退できない社長が多いからです）。

　これが奇跡のＶ字復活の大きな推進力となりました。赤字の大きな原因を取り除き，銀行のリスケ手続を済ませた後は，損益と資金繰りの改善策を実行しました。

　リスケ依頼の際に作成した経営改善計画の損益計画をどのように達成するかを徹底的に考え，具体的に行動し，その結果がどうだったかの予実管理をしっかりしました。同時に資金繰り管理をタイムリーにしました。

　最初のうちは下振れすることも多く，実績を追うごとに見込みは変化します。変化の都度，直近３ヶ月間の修正した売上目標を資金繰りから逆算します。

　数字が苦手な社長には，細かい財務管理の話はせず「とにかくこの売上目標を達成すれば，これから先，半年間の資金繰りは大丈夫です」と目標売上を示しました。

　月末が近づいた頃に達成できた時には，社長は本当に嬉しそうに電話で報告してくれました。達成が厳しい月にも，「赤沼さん，今月は厳しいわー。でもね，少しでも近づけるように頑張るから！」と報告してくれました。

　社長が前向きに目標を持って行動すると，神風が吹くものです。

　新規取引先からお声がかかり，大口の取引が始まったりし，毎月前月比120〜150％の伸びで推移し，目標売上もほぼ毎月クリアできるようになりました。

　繁忙期を除く通常月の売上は当初300万〜350万円程度で，「社長，この売上が400万〜500万円くらいまで増えたら，すごく楽なんですけどねー」と言うと，「赤沼さん，本当そうだよなー，そこまでいけたら夢のようだなー」という会話をよくしていたのですが，２年後には，月の売上が400万〜500万円では，むしろ物足りないくらいに成長したのです。

　「年商１億にしたい」という社長の夢は，関与４年目に達成，８年後には年商１億8,000万となっています。実に８年で売上規模が４倍以上となったのです。当初リスケした銀行融資も５年で正常化を達成し，その後は，銀行が「社長！　今度の設備投資のお話，うちで対応させてくださいね！」というように融資のセールスをしてくるような関係にまで復活しました。

　後日，社長は私に「赤沼さん，俺は，赤沼さんのところに相談しに行った時，破産する方法を聞こうと思ってもいたんだよ。それくらい追い込まれていて，

ほとんど諦めていた。でも，赤沼さんが「まだやれる」っていってくれたのは本当に嬉しかったし，こうして銀行が「借りてくれ」なんていってくれる会社になれて，俺は本当に嬉しい。ありがとう」と，お礼をいってくれました。コンサルタント冥利に尽きる瞬間です。

　私がやったことは，極めてシンプルです。一言でいえば，資金繰り管理をしただけです。その管理の中で資金繰りを改善するために損益改善をし，その数字を達成できるように社長と行動しただけです。これまで社長は何を拠り所にいくらの売上を目指せばいいかわからないまま経営していたのが，目標がはっきりしたことでやるべきことが明確になり，本来のポテンシャルを発揮することができたのです。そして，苦手な数値管理は私に任せて，自分がすべきことに集中できたことも大きかったでしょう。

第 3 章

経営状況の把握が
資金繰りサポートの第一歩

Q16 決算書から経営状況をどう把握する？

❶ 貸借対照表に注目

　決算書から経営状況を把握するためには，どこをどう見るとよいでしょう？損益計算書に注目する方が多いかもしれません。損益計算書は，売上から経費を差し引いていくらの利益が残ったかを計算する資料なので，感覚的にも理解しやすく，「売上が増えた・減った」「利益が出た・出ていない」というような状況のよし悪しも理解しやすいです。

　しかし，**会社の経営状況を判断する際に注目すべきなのは，貸借対照表**です。損益計算書は，その期1年間の状況しか知ることができません。損益計算書に出てくる売上高は，その期1年間で作った売上であって，それ以前の年の数字は出てきません。

　一方の貸借対照表は，創業から現在までの積み重ねの結果が表示されています。そのため，これまでの業歴の中で利益をあまり出せていない会社は，純資産の部において利益剰余金が少なく，その分純資産が少なくなります。

　また，銀行からの融資に頼って経営してきた会社は，負債の部に銀行融資の残高が多く，負債比率が高くなります。

　貸借対照表を見れば，その会社の経営者の経営に対する考え方がわかります。例えば，不動産が好きな社長の会社の貸借対照表を見ると，キャッシュは少なめで，固定資産の部の土地や建物を多く持っており，その購入資金として銀行から融資を受けているので，長期借入金が多額になっていたりします。土地神話のあったバブルの頃とは違い，そういう経営はよいとはいえません。

　また，売上至上主義で回収に対する意識が低い社長は，流動資産の部を見ると売上規模に対して売掛金が多く，回収条件を譲歩してでも売上を上げることを優先していたりします。このような状況ですと，資金繰りも非常に悪くなります。

　はたまた，損益計算書の利益を出すことにこだわり，トレンドがすぎて売れ残った在庫を処分できずに，ずっと生きた在庫と同じように持ち続けているために，流動資産の棚卸資産が売上規模に対して過大で資金繰りを悪化させているケースもあります。

❷　財務指標は野球の打率のようなもの

　貸借対照表を分析すると，その会社の状況が見えてきます。そこからその会社が取り組むべき改善策も見出すことができます。

　しかし，数字が並んだ貸借対照表をただ見て，改善策がひらめくのは，相当財務支援に慣れている専門家です。キャリアが少なかったり，これから財務支援を学ぶ方にとっては，数字の羅列を眺めるだけではピンとこないことが多いでしょう。そこで**財務指標**を計算します。

　野球が好きな人にはわかりやすいかと思いますが，野球のテレビ中継を見ていて，はじめて知る選手であっても，打つのが上手な選手だとわかるのは，たまたまホームランを打つシーンを見てそう思うのではなく，打率という「指標」があるからです。また，得点圏打率という，ランナーが2塁や3塁にいる場面での打率が高いと，その選手はチャンスに強い選手だとわかります。財務分析も同じです。

　財務指標を計算するとその会社の傾向を捉えることができます。そこから課題を見つけて改善策を検討するのです。

Q17 財務分析の勘所は？

　やみくもに財務指標を計算してもポイントを見出すことはできません。例えば，優秀な投手かどうか判断するのに「打率」を見るのはナンセンスです。投手であれば，「防御率」を見ます。それにより，投手が1イニングあたりどれくらい点をとられているかがわかり，その数値が小さければ，点をとられにくい投手であり，すなわちゲームに勝ちやすい投手だと判断できます。このように，指標にはその数字の示す意味があります。

　財務指標は沢山の種類がありますが，その全てに意味があります。投手の評価をするのに打率を見るのはおかしいように，その会社の収益性を見たい時に自己資本比率を計算しても十分に把握はできません。何を見たいのかによって指標を使い分けます。

　ここでは「安全性」「収益性」「成長性」「効率性」「生産性」「返済能力」の6つの視点をご紹介します。

❶　安全性

　財務面の安全性を見る指標です。企業の資金的な安定性，余裕度を示す指標で，財務上の支払能力を分析します。

図表3-1　代表的な財務指標

自己資本比率	純資産÷総資本×100
流動比率	流動資産÷流動負債×100
固定長期適合率	固定資産÷(固定負債+純資産)×100
ギヤリング比率	負債÷純資産×100

❷　収益性

　企業が収益を上げる力，すなわち「儲ける力」を分析します。比較的見慣れた指標が多くわかりやすい分析です。

図表3-2　代表的な財務指標

売上高総利益率	売上総利益÷売上高×100
売上高営業利益率	営業利益÷売上高×100
売上高経常利益率	経常利益÷売上高×100
総資本経常利益率	経常利益÷総資本×100

❸　成長性

　企業の成長度合を分析します。売上や利益など注目点について前年と比較した伸長率を見る指標が多いです。

図表3-3　代表的な財務指標

売上増加率	(当期売上高－前期売上高)÷前期売上高×100
経常利益増加率	(当期経常利益－前期経常利益)÷前期経常利益×100
自己資本増加率	(当期純資産合計額－前期純資産合計額)÷前期純資産合計額×100

❹　効率性

　企業の資金的な効率性を分析します。「率」で見る場合と「期間」で見る場合がありますが，期間で見る方がイメージしやすいかもしれません。効率性を見ることで資金繰り改善のヒントを得ることができます。

図表3-4 代表的な財務指標

売上債権回転率	売上高÷売上債権（受取手形＋売掛金）
売上債権回転日数	売上債権（受取手形＋売掛金）÷売上高×365日
売上債権回転月数	売上債権（受取手形＋売掛金）÷売上高×12ヶ月
棚卸資産回転率	（売上高 or 売上原価）÷棚卸資産※
棚卸資産回転日数	棚卸資産÷（売上高 or 売上原価）×365日※
棚卸資産回転月数	棚卸資産÷（売上高 or 売上原価）×12ヶ月※
仕入債務回転率	売上原価÷仕入債務（買掛金，支払手形）※
仕入債務回転日数	仕入債務（買掛金，支払手形）÷売上原価×365日※
仕入債務回転月数	仕入債務（買掛金，支払手形）÷売上原価×12ヶ月※
総資産回転率	売上高÷総資本（総資産）
総資産回転日数	総資本（総資産）÷売上高×365日
総資産回転月数	総資本（総資産）÷売上高×12ヶ月

※売上原価で計算するほうがより正確に算出できます。

❺ 生産性

　従業員や設備など，経営資源を効率よく活用しているかどうかを分析します。ここではヒトに関する指標を中心に紹介します。

図表3-5 代表的な財務指標

従業員1人あたり売上高	売上高÷従業員数
労働生産性	付加価値額÷従業員数
労働分配率	人件費÷付加価値額
付加価値率※	付加価値額÷売上高

※付加価値＝売上高－外部購入価額

❻　返済能力

企業が借入金を返済できるかを分析します。

図表3-6　代表的な財務指標

債務償還年数	有利子負債÷C/F（経常利益－法人税等＋減価償却費） ※有利子負債から経常運転資金や現預金を差し引く場合もあります。
インタレスト・カバレッジ・レシオ	（営業利益＋受取利息＋受取配当金）÷（支払利息＋割引料）×100
EBITDA（償却前営業利益）	営業利益＋減価償却費

Q18　財務分析から資金繰り状況を診る方法は？

❶　CCC

資金繰り状況を分析し，その改善策を検討する上で非常に役立つ指標があります。それは，CCC（キャッシュ・コンバージョン・サイクル）です。

CCCは，仕入代を支払ってから売上金回収までのギャップの日数を示したものです。計算には，前項の効率性分析に使う指標を使い，下記の計算式で算出します。

売上債権回転日数＋棚卸資産回転日数－仕入債務回転日数

具体例で示しますと，例えば，計算式に使う各指標が下記の日数となる会社の場合は，どうなるでしょう。

棚卸資産回転日数：60日
売上債権回転日数：45日
仕入債務回転日数：50日
CCC　　　　　　：55日

　棚卸資産回転日数が60日なので，商品を仕入れてから売れるまでの日数が60
日です。そして，売上債権回転日数が45日です。売った後に販売先から実際に
売上金を回収するまでに平均的に45日かかることを示しています。つまり，商
品を仕入れてから販売してキャッシュを回収するまでの期間は，105日（60日
＋45日）となります。

　一方で，支払いは仕入債務回転日数が50日なので，仕入れてから支払うまで
の期間が50日です。仕入れてから売って売上金を回収するまでの期間と仕入れ
てから仕入代を支払うまでの期間のギャップは，55日（105日－50日）となり
ます。文章を読んでもピンとこない方は，下記の図表3-7を見るとわかりや
すいと思います。

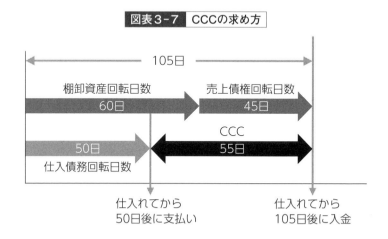

図表3-7　CCCの求め方

　この入金と支払いのギャップを示すCCCの数字が大きいとそれだけ支払い
から回収までの差の日数が長く，資金繰りが悪くなります。逆にCCCが小さ

ければ支払いから回収までのタイムラグも少なく，立て替えなければならない
金額も少なくすむので資金繰りが楽になります。

　もっといえば，CCCが「0」ということは，支払いと入金が同じタイミン
グであることを意味します。回収した売上金で仕入代金の支払いができるので，
資金繰りが楽です。さらには，CCCがマイナスの数字ですと，先に売上金を
回収して支払いは後からすればよいので，資金繰りがとても楽です。

❷　経常運転資金

　ちなみに，CCCの指標は「日数」で計算しますが，これを「金額」で計算
したものが「経常運転資金（正常運転資金）」といわれるものです。

> **経常運転資金＝売上債権＋棚卸資産－仕入債務**

❸　社長が理解しやすいCCC

　金額でいわれてもイメージがわからないという社長でもCCCによって期間
で説明すると理解しやすい傾向にあります。

　**業界平均と比べてどうか，自社の過去と比べてどうかという視点で見ていき，
より資金繰りをよくするために，CCCを1日でも短くするための努力を提案
します。**

Q19 資金繰り表とはどんな資料？

❶ 資金繰り表の概要と種類

　資金繰り表を作らなければ正しく管理をすることは困難です。「作るのが面倒臭い」ということを乗り越えてもらえれば，これほど役立つ資料はありません。

　キャッシュの出入りを管理する資料なので，**銀行の通帳をイメージ**するとわかりやすいでしょう。日々の入出金の実績が記帳される通帳は，一種の「日次の資金繰り表（日繰り表）」です。ただし，その銀行口座の入出金情報しか記載されないので，通帳だけでは複数の銀行口座を利用する会社全体の資金繰りを把握することは困難です。さらに，預金の動きはわかっても現金の動きはわかりません。

　資金繰り表は，月次で集計したものが一般的によく使われます。私も月次資金繰り表ベースとし，必要に応じて日繰り表を使います。さらに，**実績資金繰り表**と**資金繰り予定表**があります。前者は，過去の資金繰りを確認し，いつ・いくら売上金を回収して何にいくらの支出をしたかということを把握します。後者は，未来の資金繰り見込みを予測するために作成します。

❷ 資金繰り表と損益計算書の違い

　たまに，資金繰り表と損益計算書の違いがよくわからず混乱される社長もいます。最も大きな違いは，数字を計上するタイミングです。損益計算書は，例えば実際に入金がなくとも売上が発生したタイミングで計上する「発生主義」で作成します。それに対し資金繰り表は，お金が実際に動いたタイミングで計

上する「現金主義」で作成します。

　具体例でいうと，2月15日に商品を販売し，その入金は3月31日という場合，損益計算書では2月15日に売上を計上します。一方，資金繰り表では，2月15日時点ではまだ入金していないので，収入はゼロ。つまり，数字は計上されません。3月31日に入金になった時点で計上します。このように，売掛金がいくら増えても，実際に入金がない限りは資金繰り表の収入はゼロとなります。

　支出においても同じです。いくら仕入れても，実際に仕入代を支払うまでは，資金繰り表の支出はゼロです。また，減価償却費のような会計上のみの処理で，実際にキャッシュが動かないものは，資金繰り表には反映されません。逆に，融資の元金返済など損益計算書には記載されないけれど，資金繰り表には出てくるというものもあります。

　このように，資金繰り表には，損益計算書を見ただけではわからないキャッシュの動きを把握できる機能があります。毎月の試算表と資金繰りを確認して状況を把握することは経営管理をする上で非常に効果的です。

❸　資金繰り予定表＝会社の寿命を示す表

　資金繰り管理においては，過去の動きの把握よりも未来の動きを予測するほうが重要です。資金繰り表の作成の主目的は将来的なキャッシュの過不足を把握することです。これから先，「お金が増えるのか」「減るのか」「減る場合は，支払いに足りないレベルにまで減ってしまうのか」「その時期はいつ頃なのか」を事前に把握します。

　6ヶ月後に資金ショートが発生するということは，6ヶ月後に会社が倒産，寿命が尽きることを意味します。「寿命が尽きるXデー」が予想された場合は，大至急回避しなければなりません。

　普段から資金繰り予定表を作っていれば，いつ，いくら資金が不足するのかを予め知ることができるので，それに対して余裕を持って対応することができます。このように**資金繰り表は，堅実な経営を行うためには必須のツール**です。

Q20 資金繰り表から経営状況をどう判断する？

資金繰り表は，**図表3-8**の通り，経常収支，設備収支，財務収支の3つの収支で成り立ちます。そして，それぞれの合計が「合計収支」です。

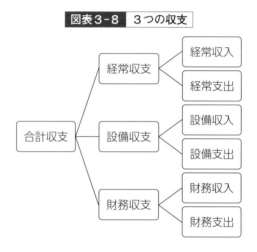

図表3-8　3つの収支

❶ 経常収支

「経常収支」は，その企業の事業が行われた結果，売上金等の入金（経常収入）によりどれだけの資金を得て，経費等の支払い（経常支出）によりどれだけの資金が出ていったのかを表します。

つまり，「営業活動による収支」であり，その会社の経営状態を表します。

経常収支＝経常収入－経常支出

❷　設備収支

「設備収支」は，企業が設備投資を行うことによって資金が流出（設備支出）したり，設備の売却等によって資金が流入（設備収入）するなど，設備に対する資金の収支を表します。

> **設備収支＝設備収入－設備支出**

❸　財務収支

「財務収支」は，金融機関から融資を受けたり（財務収入），その返済を行ったり（財務支出），また役員等からお金を融通してもらう（財務収入），またはその返済をする（財務支出）等をした結果の収支を表します。

> **財務収支＝財務収入－財務支出**

❹　3つの収支から経営状況を診る

3つの収支のそれぞれがどのようになっているかが重要な判断ポイントです。これを理解することは日々の資金繰り管理はもちろんのこと，事業計画資料を作成する上でもマストです。例えば，資金繰りに懸念がない会社の資金繰り表の各収支は図表3-9のようになります。

52

図表3-9 健全な会社の各収支

収支	状況	備考
経常収支	プラス	本業でしっかり稼げている
設備収支	＋ or － or ±0	状況によってさまざま
財務収支	マイナス	借入を返済している
合計収支	プラス	本業の稼ぎの範囲で返済ができている

　上記のように経常収支がプラスであり，営業活動で資金を生み出し，その資金で借入金の返済を行った上でも，合計収支をプラスにして手元資金を増やしていけている状態がよい資金繰り状況といえます。場合によっては設備投資を行うことで，設備収支がマイナスになったり，設備の売却によりプラスになったりしますが，それは一時的なもので，経常的な資金繰り状況は，経常収支に対して融資の返済（財務支出）のボリュームが適正なバランスになっているかを見て判断します。

　資金繰り表において，最も重要な収支は「経常収支」です。経常収支がマイナスの場合は，「事業を続ければ続けるほどお金が減っていく」ということを表しています。したがって，その状況が続くと，資金繰りが行き詰まって倒産してしまいます。

　経常収支がマイナス基調の会社は，何とか資金不足を補って資金繰りを繋げようとしますが，そのパターンは大きく2つのパターンになります（**図表3-10**，**図表3-11**）。

　本業での稼ぎである経常収支がマイナスである場合，他の収支をプラスにしない限り，資金が減り続けます。設備収支をプラスにするか財務収支をプラスにする，つまり，資産を売るか，外部から資金を調達するかのいずれか，もしくはそれぞれを複合的に行うこととなります。設備の売却による資金捻出も金融機関からの融資も限りがあるため，売る設備がなくなったり，融資を受けら

図表3-10　融資を受けて資金不足を補っているパターン

収支	状況	備考
経常収支	マイナス	本業で稼げていない
設備収支	―	―
財務収支	プラス	融資を受けて資金補填

図表3-11　不動産や機械設備などの所有している資産を売却するなどして現金化し，その資金で不足を補っているパターン

収支	状況	備考
経常収支	マイナス	本業で稼げていない
設備収支	プラス	設備を売却するなどして現金化し，資金補填
財務収支	―	―

れない状況に陥ると資金が枯渇し，経営が行き詰まります。

　以上から，3つの収支の中で最も重要な収支は「経常収支」です。経常収支がプラスではない会社は，早急に経常収支を黒字にできるように経営改善を実行しなければなりません。ただ経常収支がプラスになればよいのではなく，融資の返済額を上回るプラスにする必要があります。

　経営状態を正しく把握するためには，この**3つの収支を正しく把握できる資金繰り表を作成する必要**があります。

✎ COLUMN ③

[演習] ３社の資金繰り表から経営状況を判断してみよう！

	A社	B社	C社
経常収支	＋300	＋200	＋100
設備収支	▲100	0	＋100
財務収支	▲100	▲300	▲200
合計収支	＋100	▲100	0

① A社

　A社の状況を想像すると，経常収支は「＋300」で本業のキャッシュフローはプラスですので，本業はそれなりに上手くいっていそうです。設備収支が「▲100」ということは設備を購入しているということですね。財務収支が「▲100」ということは，返済によってお金が出ているのでしょう。本業の稼ぎの300で設備投資をして，返済をしても100残せていることから，経営状況は健全だと想像できます。この状況が安定して続けば，必要な設備投資もできて，返済も順調に進めながら，手元資金を増やしていけるでしょう。

　実際のところを見ないと最終的な判断はできませんが，この資金繰り状況を見る限り，取引銀行も前向きに支援しているでしょうし，当面，大きな懸念がない会社だと判断することができます。

② B社

　経常収支は「＋200」で本業のキャッシュフローはプラスですので，本業はそれなりに上手くいっていそうです。設備収支は「0」ですので特に動きがなかったということでしょう。財務収支を見てみますと「▲300」となっています。この資料だけでは詳細はわかりませんが，返済のボリュームが大きいようです。本業の稼ぎの200で返済をすると100不足する状況です。

　このような状況の中小企業はとても多いです。損益は黒字で毎年法人税を納税していて決算書を見る限り，好調に見えますが，なぜかお金が減ってしまっ

ている，という会社です。

　つまり，「Q12」でお伝えした通り，本業のキャッシュフローが返済額に追いついていないため，損益が黒字でも資金繰りはマイナスです。こうした会社には，どのようなアドバイスが考えられるでしょう？

① 　300の返済をできるように本業の稼ぎ「経常収支」をさらに増やせないか
② 　経常収支200の範囲に収まるように返済額を減らすことはできないか

　もちろん，①②のどちらも同時にできればベターです。

　ここで，安易にリスケを選択するのは稚拙な判断です。Ｂ社は，資金繰りがよくはありませんが本業での稼ぎは200ありますので，何とかリスケをしないでこの状況を打破する方策を考えるのが先です。リスケをしてしまっては，その後の新規融資は見込みづらくなりますので，新たな投資ができないなど，事業展開の大きな足かせになってしまいます。

　まずは，既存の融資の借り換えを検討して，毎月の返済額を減らすことはできないかということを検討し，そのための計画策定と取引銀行への相談が先です。その結果，融資の返済額（財務支出）を200以下にすることができれば，この会社はここからさらに発展しやすくなるでしょう。

③ 　Ｃ社

　経常収支は「＋100」で本業のキャッシュフローはプラスです。設備収支は「＋100」ですので設備を売るなどして入金を得ていることを意味します。財務収支を見てみますと「▲200」となっています。この資料だけでは詳細はわかりませんが，状況を想像してみると，おそらく，先ほどのＢ社と同じく，本業の稼ぎよりも返済額のほうが多い状況で，その穴埋めをするために，設備を売却して資金を作り，返済に当てて，資金繰りを繋いだのではないでしょうか。結果的に合計収支は「±０」で，資金を減らさずにすみました。何となく，それならOKだと判断してしまう方もいるかもしれませんが，やはりこの状況は問題です。

　この期は，売却する設備があって，その売却金で穴を埋めることができたようですが，今後，この状況が続くとどうでしょう？　売却する資産が無限にあるわけもありませんので，必ずどこかで売る設備がなくなって穴埋めができなくなります。

　すると，経常収支よりも大きく返済しているため，どこかで資金ショートを起こしてしまう可能性が大きいといえます。

　もし，この状況の会社の社長が現状を正しく理解せずに，このようなその場しのぎの対応だけで，根本的な改善に着手していない場合は，資金繰り表で将来の姿をシミュレーションし，現実を理解してもらわねばなりません。

　その上で，Ｂ社のケースと同じく，「経常収支」を返済に見合うボリュームに増やせないか，経常収支の範囲に収まるように返済額を減らすことはできないかを検討することになります。

COLUMN ④

右肩上がりで急成長中なのに落とし穴？　という事例

　一般的に，売上が右肩上がりに伸びていることはよいことです。

　ただ，実は，「急な」右肩上がりは要注意です。急激な売上の増加は，資金繰りの破綻に繋がる可能性があるからです。

　売上が増えると，それに伴って費用も増えます。いわゆる変動費というもので，代表的なものは売上原価です。売上が増えれば増えるほど商品や材料の仕入代も増えます。

　多くの場合，モノを仕入れてから販売するので，売上金の入金よりも仕入代の支払いが先にきます。先に支払うお金が増えることになり，運転資金に余裕がないと資金繰りショートが発生する恐れがあります。これが「黒字倒産」の一つの原因です。損益は好調で利益は出ているのに資金繰りが追い付かずに倒産してしまうということです。

　特に，創業期の会社が急激に成長すると，創業期というのは安定的な資金調達ができない状況にあるので，その危険性は高くなります。

　さらに，急成長している会社は，その成長に合わせて設備投資をしたり，人を増やしたりと，身の丈以上に固定費が増えてしまい，成長が止まったとたんに，その固定費が重くて急降下というケースが少なくありません。

　これはよく，ボールのバウンドにたとえられますが，急な角度でボールを壁に投げると急な角度でボールが返ってきます。浅い角度で壁に当てると浅い角度でボールが返ってきます。成長の角度も同じように，急成長すると降下も急で，じっくり成長すると，降下も緩やかだといわれます。

　実は，銀行もそうした多くの事例を見てきているため，短期間で急激に伸びている角度が急な右肩上がりの会社に対して不安を感じます。急成長中の会社が融資を申し込んでも，融資をしてもらえないというケースもあります。

　銀行は，売上が急成長しているよりも，ジリジリとゆっくり右肩上がりで成長しているという推移を好みます。資金繰りも安定して，売上も着実に伸びているという状況が銀行にとって安心です。

　急成長している会社の社長は，得てして売上規模の拡大に関心が集中し，財務管理などの守りがおろそかなことが多くあります。実際，私もこれまでに何度もそうした社長と出会っては，「今だからこそ財務の強化が重要ですよ」と伝えましたが，耳に届かないという経験をしています。

　特に，「将来IPOを狙っている」とか，「VCから出資を受けて大きくする」ということを念頭に置いて創業された社長は，銀行融資への関心が低く，知識も不足しており，付き合う銀行もメガバンクを選択するなど，一般的な中小企業の銀行取引のセオリーでは選択すべきではない選択をしがちです。

　関心を持たない相手にアドバイスをしても，なかなか伝わるものではありませんが，そういう状況にある社長の相談を受ける機会があれば，財務管理の重要性を伝えるべきでしょう。

第 4 章

資金繰りサポートの実践

Q21 クライアントの資金繰り管理はどうやって進める？

❶ 資金繰り表の種類と使い分け

　資金繰り管理は，「資金繰り表」を使って管理します。その様式は「日繰り表」「週繰り表」「月次資金繰り表」などさまざまです。

　6ヶ月や1年間といったスパンで管理したい時は「月次資金繰り表」を使ったほうが管理しやすいですが，資金繰りがタイトな時は「日繰り表」も使って毎日の入出金を管理します。週単位や5，10日（ゴトウビ）毎に管理するケースもあります。

　また，実績資金繰り表で過去の動きを確認しながら，資金繰り予定表で「資金ショートが起こる可能性はあるのか？」「資金繰りを気にしないでも良い程度に資金に余裕があるのか？」を視覚的にわかるように管理します。

　おすすめは，**月次の資金繰り予定表を作成して，常に6～12ヶ月程の先を予測して管理**する方法です。先々のことは読みにくいですが，常に情報を更新することで，向こう3ヶ月程度はある程度正確に，それ以降についても大まかな数字で未来の資金繰りが予測できるというレベルを保つことができます。

❷ 資金繰りがタイトな会社

　資金繰りがタイトな会社は，月次資金繰り表と併せて日繰り表も使って，日々の数字を管理し，細かく見ていく必要があります。月次資金繰り表だけでは，月末時点のキャッシュ残高しか把握できず，月中に資金ショートを起こすことを見落としかねません。

　多くの会社は，月末に売上金の回収が集中します。10日や20日などの給料日

や仕入代の支払日に大きな出金があり，そのタイミングで資金不足が発生しがちです。それゆえ，月末時点のキャッシュ残高だけ把握しても十分ではありません。日繰りで管理すれば，そのような月中の資金繰りも把握できるので，資金不足の見落としを防ぐことができます。

❸　業種による注意点

　建設業や不動産業，ITシステム開発業などの会社は，確度の高い売上予測が非常に困難です。そういった業種にも，それなりの管理方法があります。

　どんな会社でも人件費や水道光熱費，通信費などは必ず発生します。毎月若干の金額の変動はあるでしょうが，事務所や店舗が賃貸であれば毎月同額の家賃，リース契約をしていればリース料も毎月ほぼ同じです。保険料や諸会費，顧問税理士などへの顧問料も固定的でしょう。事務用品費や消耗品，支払手数料などの経費は変動がありますが，過去の実績からおおよその予測ができます。このように出費については，ある程度予測がしやすいものです。

　一方で，売上に連動する仕入代や外注費などの変動費については，売上予測の精度が低ければ変動費の予測の精度も連動して低くなります。そうしたことから，まずは売上と仕入代，外注費などの変動費を除いた，その他の固定的な支出，予測が可能な支出だけを資金繰り予定表に計上していきます。そうすると，入金がなく支出だけが発生する資金繰り表ができ上がります。

　この資料により，資金ショートを発生させない為には，いつまでにいくらの入金を得られるように売上を獲得する必要があるのかということを逆算することができます。

　例えば，7月7日時点で作った資金繰り予定表で，10月末時点で資金ショートが発生する予測となっていた場合，10月末日までにショートを回避するだけの売上入金が必要となります。「当月末締めの翌月末払い」という条件で取引を行っている会社であれば，9月末日に請求を起こせるように仕事を取らなければなりません。仕事を完了するために1ヶ月かかるとすると，逆算すると8

月末までに受注しないと9月中に仕事が終わりませんので，9月の請求に間に合いません。万が一，間に合わないとなると，10月末日に入金がされず，資金ショートが現実となります。

　一見すると7月7日時点で10月末まで資金がもつので4ヶ月くらい時間的な余裕があると思ってしまいますが，この例でいえば，仕事の完了と売上金の回収条件を逆算すると受注を得なければならない時間的猶予は2ヶ月弱しかないのです。

　このように，売上予測が難しい業種の会社であっても資金繰り管理は非常に有効です。

　資金繰り管理をきちんとしていると，資金繰りを根拠とした明確な目標売上額を把握でき，それを達成するための具体的な営業活動をスケジューリングできます。クライアントの社長が資金繰り予定表を作ることに消極的であった場合は，ぜひ専門家の皆さまがきちんと必要性を説き，会社の安定経営の為にも資金繰り管理を徹底するように導いてください。

Q22 月次資金繰り表の科目にはどんなものがある？

　資金繰り表も損益計算書のように各科目に分けて管理します。ただ，損益計算書のようにルールがあるわけではなく，各社，管理がしやすいように自由に科目を設定できます。図表4-1〜図表4-6では，月次資金繰り表で一般的によく使われる科目とポイントをお伝えします。

図表4-1　繰越残高

月初繰越残高	・前月から繰り越す現預金残高 ・前月の「次月繰越残高」と一致

図表4-2　経常収入

現金売上	・売上金を現金で回収した金額，もしくは回収する予定の金額
売掛金回収	・売掛金を回収した金額，もしくは回収する予定の金額
手形取立（期日回収）手形割引	・手形取立の場合は手形期日，割引の場合は割引実行日に合わせる（手形割引の場合は，財務収支の項目とする場合もある）
※複数の事業・店舗を持つ場合	・上記3項目について，複数の事業や店舗を持つ場合で，その収入の推移を確認したい場合は，それぞれ別項目として記載
その他収入	・損益計算書上の「営業外収益」などの本業以外の収入や，前受金・預り金等で受け取った金額

図表4-3　経常支出

現金仕入	・掛けではなく，現金で支払った仕入金額，もしくは支払う予定の金額
買掛金支払	・買掛金を支払った金額，もしくは支払う予定の金額
手形決済	・手形の決済のために支払った金額，もしくは支払う予定の金額
※外注費・仕入支払い	・外注費や仕入代の支払金額 ※買掛金支払いや手形決済を「仕入支払い」と「外注費支払い」に分けて記載する場合もある
人件費（役員報酬・給与）	・人件費の管理が大きなテーマとなる場合は役員報酬と給与の記載を分ける
福利厚生費法定福利費	・人件費に含めてもよいが，社会保険料等の支払金額等を管理したい場合は別項目にするほうがよい

その他経費	・主に損益計算書でいう販売管理費の内，上記に含まれないもの。一般的な資金繰り表書式では「その他経費」で括られることも多いが，科目別に分けるほうが内容が明確になる為，特に推移を確認したい経費は別途独立項目として分けるべき
支払利息・割引料	・借入に対する利息や，手形割引料は経常支出にて計上する。元金返済と一緒に財務支出に計上しないように注意
納税	・消費税や法人税，固定資産税などを計上
その他項目	・FC加盟の場合にロイヤリティ支払いなど，その会社に応じて「その他経費」と別に管理したい項目を計上

図表4-4　設備収支

設備収入	・設備等の売却により得た金額を計上
設備支出	・設備等の購入により支払った金額を計上

図表4-5　財務収支

財務収入	・銀行等からの借入により得た金額を計上 ・必要に応じて，固定性預金引出しにより得た金額などを計上
財務支出	・融資の元金返済により支払った金額を計上 ・固定性預金預入等の金額を計上して流動性のあるキャッシュから除外して管理

※財務収支の項目については，必要に応じて下記のように管理を細かくします。
① 金融機関からの借入と，それ以外からの借入を区分する
　金融機関からの借入と，それ以外（例えば社長や役員およびその家族）を区分して管理する方法です。
　例えば，財務収入を「金融機関借入」と「その他借入」に分け，財務支出を「金融機関借入返済」と「その他借入返済」に分ける形になります。また，複数の金融機関と取引がある場合に，金融機関別に分けて細かく管理することもあります。
② 長期借入と短期借入による区分
　借入の内，長期と短期を分けて記載する方法です。一括返済方式の短期借入をしくい

る企業の場合には，この方法を使うほうが明確になります。

　具体的には，財務収入の項目に「長期借入」と「短期借入」を入れ，財務支出の項目に「長期借入返済」「短期借入返済」を入れ，それぞれを分けて管理します。

図表4-6　翌月繰越残高

翌月繰越残高	・月末時点に残る資金の残高。ここがマイナスになると，いわゆる「資金ショート」が発生することになる ・この数値が増えていくことが理想的

Q23　実績資金繰り表はどうやって作る？

❶　作り方（資料と手順）

　実績資金繰り表の作り方は，とてもシンプルです。各項目についての入出金の実績を表に記載していけばでき上がります。月次の実績資金繰り表を作る為に用意する資料は次の通りです。

- ・現金出納帳
- ・預金通帳もしくは預金出納帳，当座勘定照合表
- ・借入金返済明細表

　これらの資料を用意したら，以下の手順で表に数字を記入していきます。

●手順①　経常収入に計上

　上記の資料から損益計算書でいうところの売上高，営業外収入に関わる入金の内容を抽出して経常収入の欄に記載します。この時，「現金売上入金」「売掛

金入金」「その他収入」など項目を細かく分けて作ると何による入金なのかを把握でき，詳細な管理に繋がります。項目の名称は自由なので，自社にとって管理しやすい名称を付けます。例えば，売上入金も「A事業売上入金」や「A店売上入金」というように，事業別，店舗別に管理することがあります。

●手順②　経常支出に計上

　上記の資料からその月に支払った仕入代金や経費の金額を抽出して経常支出の欄に記載します。支出についても，収入と同じように項目を分けて作るほうが詳細に管理できるので，クライアント企業の状況に合わせて管理する項目を定めて科目を作ります。

　スタンダードな分け方は，「買掛金支払い」「人件費」「その他経費」「納税」「支払利息」「その他支払い」ですが，買掛金をさらに「仕入代」と「外注費」に分けたり，「その他経費」の中から特に管理したい経費があれば，例えば「ロイヤリティ」や「広告宣伝費」などを別項目にして管理します。なお，支払利息を借入金の元金返済と一緒にしてしまいがちですが，支払利息は経常支出，元金返済は財務支出で管理します。

●手順③　財務収入と財務支出に計上

　上記の資料から借入金入金等の内容を抽出して財務収入の欄に記載していきます。同じく借入金返済等の内容を抽出して財務支出の欄に記載していきます。

　前述の通り，借入金返済については，借入金返済明細を確認して，支払利息と元金返済は分けて記載します。なお，財務収支の欄では，借入と返済ばかりではなく，固定性預金の入出金も管理します。

　資金繰り表では，いつでも使える資金の残高を管理しますので，定期預金などすぐに使えない預金は除きます。定期預金や定期積金のように，原則として一定期間払い戻すことができない預金のことを「固定性預金」といい，普通預金から定期預金にした場合は，「固定性預金預入」として財務支出に計上，逆に定期預金から普通預金に移した場合は，「固定性預金払出」として財務収入

に計上してその出入りを管理します。

❷　数字のズレについて

　実績資金繰り表を作成すると，1ヶ月分を作成した結果，月末の残高がピッタリ合うことは不思議と少なく，なぜか数字がずれるものです。その場合にその誤差の原因を突き止めてピッタリと合わすべきかといえば，僅差であれば経常支出の「その他経費」などで調整すればよいでしょう。この誤差の原因追究に時間をかけるのは無駄です。大まかな把握で十分です。

　月次資金繰り表は，多くの場合，円単位ではなく，千円単位や百万円単位で作成します。一般的な中小企業であれば百万円単位ではアバウトすぎますので，**千円単位で作るのがちょうどよいでしょう。**

Q24　資金繰り予定表はどうやって作る？

❶　資金繰り予定表作成の目的

　資金繰り予定表を作成する最大の目的は，**将来のキャッシュフローを把握**することです。未来において「資金の増加具合はどうか」逆に不足する場合は，「いつ・いくら資金が不足するのか」を知るベースになりますので，会社の安定経営には欠かせない資料です。また，資金繰り予定表は，事業計画書の作成の際にも作ります。つまり，**事業計画書作成支援**を行う上でも，重要な資料です。

❷　作成のルール

　資金繰り予定表は，**未来予測の根拠**が必要になります。まず**月次の損益計画**を作成します。そして，その計画が達成された場合のキャッシュの推移を可視化します。

　損益計画書を月次で作成した後にその損益計画をキャッシュベースに展開するために，Q22（63ページからの月次資金繰り表の科目）を参考に資金繰り表へ数字を記入すればでき上がりです。

　作成は特別難しいことはありません。高い精度で資金繰り予定表を作成するコツは，**精度の高い損益計画を作ること**に尽きます。

　損益計画をしっかりと根拠立てて作成すれば，資金繰り予定表は精度が高くなります。逆に損益計画が適当だと，資金繰り予定表も役に立たない適当な資料になります。

❸　計上を忘れがちなもの

　計上漏れが発生すると将来の見込みが大きくぶれます。事業計画資料を金融機関等に提出する場合に抜けがあると，事業計画に対する全体的な信用が下がるので要注意です。以下は，資金繰り予定表の作成の際に計上を忘れてしまいがちなものです。

●税金・社会保険料の支払計上

　税金や社会保険料の支払いは，意外と計上を忘れがちな項目です。税理士や社会保険労務士など普段の仕事から密接に関わっている専門家は忘れることはないと思いますが，それ以外の方は注意してください。

　毎月発生するものではない法人税や消費税，固定資産税などを忘れることが多く，また支払いのタイミングも間違えがちです。同じように源泉所得税も毎月の支払いではない企業が中小企業には多いので要注意です。税金は，その金

額の大きさの割に盛り込むことを忘れがちです。必ず何月にいくら程度の支払いが発生する予定か確認しながら忘れずに入力を行います。

　社会保険料も同じです。労働保険料が毎月の納付ではない会社もありますし，従業員数が変動すれば社会保険料の金額が変わりますので，人事計画に応じて忘れずに計上するように注意が必要です。

●期日一括返済型の借入の返済

　銀行融資等の借入金の返済は，財務支出に計上して支出を管理します。毎月返済しているものについては忘れませんが，期日一括返済による返済を忘れてしまうことがあります。期日一括返済は，短期融資に多い返済方法ですが，金額が数千万円など大きいことが多いので，この返済の計上を忘れると資金繰りが大ブレします。

●資産計上されている保険料

　28ページでもお伝えした通り，保険料の中には資産計上されていて損益計算書には計上されていないものがあります。損益計画から資金繰り表に展開する際に，損益に計上されている保険料だけしか資金繰り表に反映させていないというミスが発生しやすいので，必ず，資産計上されているものも資金繰り表に反映するように注意してください。

Q25 資金繰りの予実管理はどうする？

　資金繰りの予実管理は，損益の予実管理と同じように実績を追いかけます。計画に対してどうだったかを確認し，計画通りなのか計画よりも上か下かを把握し，もし下振れしている場合は，今後の資金繰りにどのような影響があるかを把握すると共に，下振れとなった原因を解明し，その改善策を検討して行動に活かします。

　1枚の資料で計画と実績を比較するようにして作成するケースもありますし，計画と実績をそれぞれ別に作って見比べるように作成するケースもあります。どちらがよいかというのは，一長一短なので使いやすい方法で管理すればよいと思います。

　私はなるべくシンプルにしたいと考えており，1枚の資料で計画と実績を並べてその差異まで示すと，流れが把握しづらくなるので，あえて1枚の資料では作りません。

　計画として作った当初の予定資金繰り表はそのままにしておき，別途，実績を追うための資料として同じ予定資金繰り表を用意して，その資料に実績を毎月更新しています。つまり，実績資金繰り表と資金繰り予定表をミックスした資金繰り表を作成して管理しています。そして必要に応じて当初の資金繰り予定表と実績を反映させた資金繰り表を見比べます。一覧性はありませんが，流れを把握することが容易になります。

図表4-7　資金繰り予実管理表（一覧表Ver.）と，そのメリット・デメリット

株式会社●●　　　　予測資金繰り表　　　　(単位／千円)

		20●●年																											20●●年									合計		
		4月			5月			6月			7月			8月			9月			10月			11月			12月			1月			2月			3月					
		予算	実績	差異	予算	実績	差異	予算	実績	差異	予算	実績	差異	予算	実績	差異	予算	実績	差異	予算	実績	差異	予算	実績	差異	予算	実績	差異	予算	実績	差異	予算	実績	差異	予算	実績	差異	予算	実績	差異
月初繰越残高				0	0	0	0	0	0	0	0	0	0	0	0	0	0	0	0	0	0	0	0	0	0	0	0	0	0	0	0	0	0	0	0	0	0			
経常収入	現金売上			0			0			0			0			0			0			0			0			0			0			0			0	0	0	0
	売掛金回収			0			0			0			0			0			0			0			0			0			0			0			0	0	0	0
	その他			0			0			0			0			0			0			0			0			0			0			0			0	0	0	0
	収入計	0	0	0	0	0	0	0	0	0	0	0	0	0	0	0	0	0	0	0	0	0	0	0	0	0	0	0	0	0	0	0	0	0	0	0	0	0	0	0
経常支出	仕入支払			0			0			0			0			0			0			0			0			0			0			0			0	0	0	0
	人件費			0			0			0			0			0			0			0			0			0			0			0			0	0	0	0
	諸経費			0			0			0			0			0			0			0			0			0			0			0			0	0	0	0
	支払利息			0			0			0			0			0			0			0			0			0			0			0			0	0	0	0
	納税			0			0			0			0			0			0			0			0			0			0			0			0	0	0	0
	支出計	0	0	0	0	0	0	0	0	0	0	0	0	0	0	0	0	0	0	0	0	0	0	0	0	0	0	0	0	0	0	0	0	0	0	0	0	0	0	0
経常収支		0	0	0	0	0	0	0	0	0	0	0	0	0	0	0	0	0	0	0	0	0	0	0	0	0	0	0	0	0	0	0	0	0	0	0	0	0	0	0
設備収入	設備売却			0			0			0			0			0			0			0			0			0			0			0			0	0	0	0
	その他			0			0			0			0			0			0			0			0			0			0			0			0	0	0	0
				0			0			0			0			0			0			0			0			0			0			0			0	0	0	0
	収入計	0	0	0	0	0	0	0	0	0	0	0	0	0	0	0	0	0	0	0	0	0	0	0	0	0	0	0	0	0	0	0	0	0	0	0	0	0	0	0
設備支出	設備購入			0			0			0			0			0			0			0			0			0			0			0			0	0	0	0
	その他			0			0			0			0			0			0			0			0			0			0			0			0	0	0	0
				0			0			0			0			0			0			0			0			0			0			0			0	0	0	0
	支出計	0	0	0	0	0	0	0	0	0	0	0	0	0	0	0	0	0	0	0	0	0	0	0	0	0	0	0	0	0	0	0	0	0	0	0	0	0	0	0
設備収支		0	0	0	0	0	0	0	0	0	0	0	0	0	0	0	0	0	0	0	0	0	0	0	0	0	0	0	0	0	0	0	0	0	0	0	0	0	0	0
財務収入	銀行短期借入			0			0			0			0			0			0			0			0			0			0			0			0	0	0	0
	銀行長期借入			0			0			0			0			0			0			0			0			0			0			0			0	0	0	0
	役員借入			0			0			0			0			0			0			0			0			0			0			0			0	0	0	0
	収入計	0	0	0	0	0	0	0	0	0	0	0	0	0	0	0	0	0	0	0	0	0	0	0	0	0	0	0	0	0	0	0	0	0	0	0	0	0	0	0
財務支出	銀行短期返済			0			0			0			0			0			0			0			0			0			0			0			0	0	0	0
	銀行長期返済			0			0			0			0			0			0			0			0			0			0			0			0	0	0	0
	役員借入返済			0			0			0			0			0			0			0			0			0			0			0			0	0	0	0
	支出計	0	0	0	0	0	0	0	0	0	0	0	0	0	0	0	0	0	0	0	0	0	0	0	0	0	0	0	0	0	0	0	0	0	0	0	0	0	0	0
財務収支		0	0	0	0	0	0	0	0	0	0	0	0	0	0	0	0	0	0	0	0	0	0	0	0	0	0	0	0	0	0	0	0	0	0	0	0	0	0	0
合計収支		0	0	0	0	0	0	0	0	0	0	0	0	0	0	0	0	0	0	0	0	0	0	0	0	0	0	0	0	0	0	0	0	0	0	0	0	0	0	0
翌月繰越金		0	0	0	0	0	0	0	0	0	0	0	0	0	0	0	0	0	0	0	0	0	0	0	0	0	0	0	0	0	0	0	0	0	0	0	0			

※上記Excelは，ダウンロードが可能です（詳細は189ページ）。

メリット	デメリット
・計画値と実績値の比較が容易で把握がしやすい ・項目ごとの差異をすぐに把握でき，改善に繋げやすい	・1ヶ月ごとに2～3列あるため見にくい ・月の推移を瞬時に把握しにくい ・表の列の数が増えてプリントアウトに不向き

図表4-8　別々管理Ver.（資金繰り予定表，実績＆予定資金繰り表）のメリット・デメリット

メリット	デメリット
・作成が容易 ・シンプルなので推移を把握しやすい ・比較的コンパクトなのでプリントアウトしやすい	・この資料だけでは計画値と実績値の比較ができない ・項目ごとの計画値の乖離を把握しにくい ・課題発見に一手間必要

Q26 資金繰りを上手に回す７つの方法 とは？

　資金繰りを上手に回す大原則は，「入りを早めて，出を遅く」です。具体的な対応策としては，次の７つを実行することで実現させます。

① 売上金回収サイトを短くする
② 支払いサイトを長くする
③ 在庫を削減する
④ 借入をする
⑤ 資産を現金化する
⑥ 増資をする
⑦ 適切な節税をする

　この７つを会社の状況に合わせて適正にしていくことで資金繰りが改善します。特に，①〜③の適正化をしていくことが資金繰りの抜本的な改善には重要な取り組みとなり，その取り組みによって45ページでお伝えした指標「CCC」が改善します。

　CCCの数値の改善を目標に①〜③を具体的に実行していきます。この適正化に取り組まずに，それ以外だけに取り組んでも，対症療法でしかなく，根本的な解決には繋がりません。したがって，①〜③については，じっくりＱ27以降の項目でお伝えし，ここでは，④〜⑦について解説します。

❶　借入をする（④）

　借入を増やすことは，状況を悪化させるとイメージするかもしれません。ただ，借金とはいえ，使えるお金が増えるので，資金繰り面で言えば，プラスです。もちろん，借入が増えれば増えるほど金利負担も増加することとなり，き

ちんと財務管理をしなければ，経営を圧迫します。最適なボリュームで運用する必要があります。効果的に活用することで上手に資金繰りを回せます。

❷　資産を現金化する（⑤）

　資産を売却するなどして現金にします。これにより，手元資金が増え，資金繰りが安定します。特に，遊休不動産は，何も生まないばかりか，固定資産税や維持管理のためのコストがかかるので，キャッシュアウトしかありません。売却して現金にしてその資金で負債を圧縮したり運転資金の補填に使ったほうがよいといえます。

❸　増資をする（⑥）

　増資で得た資金は自己資本になり，負債である融資とは違って，返済の必要がありません。資金使途も基本的に自由です。手元の資金が増え，資金繰りがよくなるばかりではなく，自己資本比率，流動比率，当座比率などの財務指標が向上して財務基盤の強化に繋がります。

　注意点としては，出資比率に気を付ける必要があります。経営権を意識するならば，最低でも過半数，できれば3分の2以上の議決権を保持しつつ，増資を検討することが望ましいと言えます。

　また，資本金の額についても注意が必要です。例えば，日本政策金融公庫や信用保証協会を利用できる会社について，資本金の額と従業員数の両方の面から企業規模に関する制限があります。

　資本金，従業員数のどちらかの条件が当てはまれば利用できるのですが，どちらもオーバーしてしまうと，対象外となります。従業員数が多い会社が増資をすることで対象外となる可能性があります。補助金や助成金についても同じような制限があることがありますので要注意です。

　以上のように，いくつかの注意点はありますが，増資をすることにより，手

元の資金を厚くすることができ，資金繰りや財務の改善に繋がります。

❹ 適切な節税をする（⑦）

　適切かつ適度な節税をし，資金流出を軽減することは資金繰りをよくするためにも重要です。

　節税の方法はいろいろあるかと思いますが，利益を減らすことで税額を抑える方法が一般的です。節税しすぎると利益が少ない，もしくは赤字の決算書になり，銀行から融資を受けづらくなります。もちろん，必要以上の税金を払うのは避けたいことですが，**過度な節税をすることで財務が悪化して融資を受けづらくなり**，かえって資金繰りが窮地に追い込まれることになり得ます。

Q27 「売上金回収サイトを短くする」とは？

　さて，資金繰りを上手に回す7つの方法のうちの1つ目の「①売上金回収サイトを短くする」について解説します。まずは，売ってから売上金を回収するまでの期間を短くすることです。これは，「入りを早く」することに繋がります。

　ビジネスモデルとして，飲食店や小売店のように商品提供と代金支払いが同時に行われるビジネスもあれば，卸売や製造業などのように仕事をしてから売上金を回収するまでに1ヶ月以上かかるビジネスもあります。

　特にB to Bのビジネスの場合は，いわゆる「掛け取引」が一般的で，売り上げてから売上金の回収までに時間がかかります。銀行振込みによる決済ではなく，手形による決済の場合は，さらに現金として手許に入ってくるのに時間がかかります。

　売掛金や期日の来ていない受取手形の状態は，資金が眠ってしまっている状

態です。この間に，売上金の入金がないにもかかわらず，仕入先や外注先への支払いをしなければならず，資金繰りにストレスがかかります。

　手形で決済を受けた企業は，早く受取手形を現金化して支払いに充てるために，銀行の手形割引を利用して資金手当てを行うことがあります。すると，手形割引料という経費が発生します。

　手形ではなく銀行振込みで支払ってもらっている場合，月末締め翌月末払いというケースが一般的に多いですが，月末締めの翌々月末支払いなど，売上金を回収するまでに3ヶ月かかるという契約になっている場合もあります。売掛金を早く現金化したい場合にファクタリングを利用する会社もありますが，やはり手数料が発生します。

　このように，**売上金の回収の期間が長いと資金繰りが悪くなります**し，それに対応しようとすると**手形割引料**や**ファクタリング手数料**などの経費が余計にかかるなど，利益を圧迫してしまうことにも繋がります。

　売上を上げることばかりを重要視して，決済条件を妥協して仕事を取っているケースがありますが，そうすると，売上は順調に伸びている一方で，仕入先や外注先への支払いが追い付かなくなって資金繰り破綻を起こしてしまうということになりかねません。

　このような状況のクライアントがいた場合は，売上よりも資金繰りに意識を向けて経営するようにアドバイスすべきです。社長や営業マンの意識を改善し，取引先にいわれるがままの取引条件にするのではなく，決済条件も重要であることを強く意識して条件交渉をすることは極めて大事なことです。その意識の違いは，今後の経営に大きな差となって現れます。

　資金繰りをよくするためには，「回収サイトはなるべく短く」というのが大原則です。理想的には，支払いサイトよりも回収サイトのほうが短ければ，回収した資金で支払いができるので，銀行融資に頼らずに資金を回すことができます。

Q28 「支払いサイトを長くする」とは？

　資金繰りを上手に回す7つの方法のうちの2つ目は「②支払いサイトを長くする」です。買ってから現金を払うまでの期間を長くします。これは，「出を遅く」することに繋がります。一般的には，先に仕入れてから売るので，入金と支払いのタイミングは支払いが先で，入金が後になることが多くなる傾向にあります。そのため運転資金が必要となるのですが，支払いのタイミングを遅くできれば，それだけ資金繰りへのストレスが緩和されます。これは，「売上金回収サイトを短くする」と逆の発想です。

　もっといえば，支払いのタイミングを入金のタイミングよりも後にすることができれば，先に売上金を受け取ってからそのお金で仕入代を払えばよいので資金繰りはとても楽になります。この状況を達成できたならば，基本的に銀行に運転資金を頼る必要がなくなりますので，借入への依存度を下げられますし，利息負担も減らすことができ，損益改善にも繋がります。

　もちろん，これは「言うは易く行うは難し」で簡単なことではありません。しかし，それに近い状況を作ることができれば，銀行への依存度を減らすことができます。できないとはなから努力せずに諦めるのではなく，タイミングを逆転させることは無理でもサイト差を短縮するために努力することが極めて重要です。取引先も回収までの期間は少しでも短くしてすぐに売上金を回収したいのが本音です。こちらの支払いサイトを長くしてもらうのは，取引先の資金繰りの悪化に繋がります。その為，支払いサイトの改善には，取引先の状況もよく考えて取り組まなければ，トラブルになる可能性もあります。

　「回収サイト」と「支払いサイト」は表裏一体の関係です。あまりに無茶な要求ばかりして，取引先に負担をかけすぎてしまうと，良好なビジネス関係が構築できませんので，よい塩梅で調整することも大事なことです。

Q29 「在庫を削減する」とは？

　資金繰りを上手に回す7つの方法の3つ目は「③在庫を削減する」です。資金繰りをよくするためには，在庫管理は極めて重要なポイントとなります。

　在庫とは，カネがモノに変わっている状態です。モノの状態では資金繰りには使えないので在庫の期間が長いほど，資金繰りが悪くなります。

　また，銀行融資を受けて仕入れている場合は，その在庫を早くさばいて現金化しないと，その間は利息を払って在庫を持っているということになります。資金繰りに使えないどころか，利払いというキャッシュアウトまで発生してしまいます。

　さらには，在庫の保管のために倉庫代や倉庫で働く人の人件費がかかるので，在庫は下手をすると金食い虫になってしまいます。

　適正在庫を保つためには，帳簿上の管理だけではなく毎月の棚卸しを行い，在庫管理を徹底することが肝要です。

　棚卸しは決算のために期末だけ行っているという会社も少なくありませんが，期中に棚卸しをしていないということは，期中の損益管理もできていないということです。

　正しい月末在庫が把握できなければ，その月の正しい損益はわかりません。社長の多くは，原価率を気にしていますし，仕入れ値を抑えようと努力されていますが，肝心の原価率の把握がルーズです。損益改善には，原価率のコントロールは極めて重要です。そして，原価率のコントロールのためには棚卸しは不可欠です。

　棚卸しは非常に大変な作業です。社員から不満が出たり，時間もないなどの理由でやらない会社も多いですが，必ず実施するようにアドバイスしてください。

厳しい資金繰りから経常収支の改善を図るには

　資金繰りが厳しい会社の改善は，経常収支の改善が必須です。銀行から借入れをしたり，資産を売却したりすることで資金補填をすることは，対症療法であり，根本的な改善ではありません。

　経常収支の改善のための取り組みとしては，売上の向上対策，原価の最適化，経費の削減といった「損益の改善」に取り組むこと，そして，先にもお伝えした資金繰りを上手に回す7つの方法の①〜③の適正化による「CCCの良化」，この2つを徹底的に実行することがメインテーマとなります。この取り組みなくして資金繰りの抜本的な改善はできません。

①　売上金回収サイトの管理，適正化

　①〜③の改善を図るには，「売上金回収サイトの管理，適正化」が必要です。売上債権回転期間を計算して，業界平均と比べてどうか，自社の過去と比較してどうかを確認し，業界平均よりも長かったり，自社の過去実績の推移として期間が伸びているようなら，その原因を探り改善策を検討し実行します。

　例えば，取引条件が悪いことが原因の場合は，取引先に取引条件の改善を交渉します。ただ，既存の取引先に支払いサイトの短縮を依頼すると，場合によっては信用不安に繋がりますのでパワーバランスを考慮する必要があります。そう考えると，新規の取引先との決済条件を最適化していくほうが現実的かつ安全でしょう。

　営業マンは，「より多くの売上を獲得する」ことを重要視します。このような売上至上主義的な考えでは，利益率や回収条件の軽視につながるでしょう。現場の営業マンに利益率や回収条件に意識を向けることの重要性を伝え，意識を変えていかなければ，利益が出やすくキャッシュリッチな会社に変化することはできません。

②　支払いサイトの管理，適正化

　支払いサイトの管理，適正化にあたっては，買入債務回転期間を計算します。業界平均と比べてどうか，自社の過去と比較してどうかを確認し，業界平均よ

りも短かったり，自社の過去実績の推移として期間が短くなっているようなら，その原因を探り改善策を検討し実行します。

　回収サイトの短縮と同じように，既存の取引先に支払いサイトの延長を依頼する場合には，支払いサイトの延長を依頼することで信用不安が起きないように気を付けなければなりません。やはり，新規取引先を中心に進めていくほうが現実的かつ安全です。

　仕入先との交渉においては，仕入れ値に注目するばかりではなく，決済条件にも注目することが重要です。

③　在庫の管理，適正化

　在庫の管理，適正化にあたっては，棚卸資産回転期間を確認します。業界平均と比べてどうか，自社の過去と比較してどうかを確認し，業界平均よりも長かったり，自社の過去実績の推移として期間が伸びているようなら，その原因を探り改善策を検討し実行します。

　在庫の管理は，経営改善における重要テーマです。原価管理は粗利の向上に直結する取り組みですが，企業の儲けの源泉は粗利です。粗利から人件費，地代家賃，水道光熱費などのいわゆる「販管費」が支払われるため，「粗利＞販管費」となれば必ず営業利益を黒字にすることができます。

　在庫の管理，原価管理のためには，絶対に棚卸しが不可欠です。棚卸しをしないで原価管理は絶対にできません。現場の社員の協力も得て，正しい棚卸しをして，正しい粗利を把握することがはじめの一歩となります。

　以上のように，CCCは，経営トップが会議室で議論しただけで改善されるものではなく，現場の社員が良化のための行動をすることが必要です。したがって，CCCの良化による効果や現場社員にとってのメリットも共有しながら，現場社員の1つ1つの行動が会社の改善に繋がることを認識してもらい，結果にコミットしてもらいます。

　これについて，基本的には社長がリーダーシップを発揮して現場に声を掛けて，部門責任者に達成に向けて行動してもらいますが，必要であれば，社長からの依頼を受けて財務コンサルタントが現場を回りつつ社員へレクチャーして，改善を進めていくこともあります。

第 5 章

資金繰りサポートに欠かせない
資金調達の基礎知識

Q30 資金調達にはどのようなものがある？

　資金調達の手段はさまざまあります。大きくグループ分けすると「借りる」「資産を売る」「出資を受ける」「その他」の４つとなります。

| 図表5-1 | 4つの手段 |

借りる	資産を売る
①金融機関から借りる ②親族，知人から借りる ③少人数私募債 ④保険の契約者貸付制度	⑤資産の売却 ⑥セール＆リースバック ⑦ファクタリング ⑧事業譲渡

出資を受ける	その他
⑨出資を受ける 　　知人，VC，エンジェル	⑩補助金，助成金 ⑪クラウドファンディング ⑫保険，共済の解約

❶　借りる

　ある意味スタンダードな資金調達方法です。中小企業であれば地方銀行や信用金庫，日本政策金融公庫（以下，銀行等）から融資を受けるケースは非常に多いです。また，親族や知人などから借りてくる方法もありますが，「金の切れ目が縁の切れ目」ということわざもある通り，無計画に借りて返せなくなると人間関係の悪化に繋がります。

　中小企業の資金繰りの要は，「金融機関からの融資」です。基本的には銀行等を利用します。銀行等以外の金融機関として，いわゆるノンバンクと呼ばれ

る貸付専門の金融会社を利用することもあります。事業者向けの貸金業者や一般個人向けの貸金業者，不動産担保融資専門や売掛債権担保融資専門などが存在します。

　ノンバンクは，銀行よりも借りやすいものの，金利が高いです。100万円以上の融資の法定上限金利は15％で，無担保融資であれば上限ギリギリの金利が多いです。無担保で借りられる金額は，多くても300万円くらいです。規模の大きな会社にとっては不十分でしょう。

　もっと大きな金額を借りたい場合は，やはり不動産などの担保が必要です。不動産担保があれば，その不動産の価値次第では大きな金額も借りられますし，金利も1桁台になるケースが多くあります。

　また，不動産担保融資専門や売掛債権担保融資専門のノンバンクは専門性が高い傾向にあり，銀行等では取り扱えない案件でも対応してくれることがあります。専門性を上手に使えば非常に助かることもあります。

　いずれにしても，金利は銀行よりも高くなるので，長期的に運用すると利息負担が重くて資金繰りも厳しくなります。**スポット利用がベター**です。

　また，金融機関からの融資は，「間接金融」と呼ばれますが，「直接金融」による調達方法のうちの「借りる」方法として少人数私募債という方法があります。これはいわゆる社債です。50人未満の縁故者に社債を発行してお金を借りる方法です。中小企業が金融機関に頼らないでできる資金調達方法として比較的使い勝手もよい方法です（詳細については，115ページにて解説します）。

❷　資産を売る

　所有しているものを第三者に売却して売却金を得る方法です。経営状況に関係なく資金調達ができます。

　売却する資産は，一般的には不動産や車両や機械などの設備でしょう。値が付くもので売るためのマーケットが確立している不動産や自動車が適当です。ただ，売ってしまうと自社で使えなくなるので，仕事に必要なものは売ること

が難しくなります。

●セール＆リースバック

　売った後もそれを使いたいという場合は，セール＆リースバックという手法を活用することもあります。セール＆リースバックとは，所有する不動産や設備を「セール（売却）」して，その不動産や設備を買った方から「リース（借りる）」という方法です。売却によって資金を得られ，不動産や設備を売却した後も賃料を払って使い続けられるというメリットがあり，戦略的にこの手法を使うこともあります。

●ファクタリング

　売却できるものは，モノに限りません。売掛金などの債権も売ることができます。代表的なのは，売掛金を売却して入金予定日よりも早く現金化する際に使われるファクタリングという手法です。

　売掛金をファクタリング会社へ売却して資金を調達する方法ですが，売掛金の回収サイトが長い場合は，ありがたい仕組みです。また，財務内容が悪くて銀行から融資を受けられない状況の会社であっても，売掛先の評価が高ければ利用できることもあります。

　ただし，ファクタリング手数料がとても高いケースもあります。その会社の利益率にもよりますが，売掛金を早期回収するために売掛金の10％などの手数料がかかってしまうと，おそらく多くの会社は利益が残らないでしょう。

　しかも，未来の入金の先取りですので，一度使うと，抜け出せなくなるケースがとても多いです。その度に高い手数料を取られていたら，下手をするとそのまま潰れます。

●事業譲渡

　モノや債権の他に，事業も売れます。事業譲渡という手法です。例えば，A事業，B事業，C事業の３つの事業を行っている場合に，C事業を他社に譲渡

してその対価を得るということができます。これは，事業に限らず店舗という
ケースもあります。多店舗展開している飲食業の会社がそのうちの1店舗を他
社に売却するような場合です。

❸　出資を受ける（増資）

自社の株を買ってもらって資金調達する方法です。中小企業では簡単ではな
い方法ですが，知り合いが出資することもあります。将来性のある会社でした
らベンチャーキャピタルや個人投資家（エンジェル）が出資してくれるケース
もあります。

注意したいのは，株を買った人が株主となり，経営にいろいろな影響が出る
ことです。仕組みを理解した上で取り組まないと，「こんなはずじゃなかった」
ということになるでしょう。

❹　その他

●補助金・助成金

補助金や助成金は，基本的に返済しなくてもよく，もらえるお金ですので，
制度を上手に使うと助かります。

ただし，補助金や助成金はすでに支払ったものに対して後から補助，助成と
いう流れが普通です。さらに手続をしてから資金を得るまでに時間がかかりま
す。資金繰りに困っている時の今すぐ使える資金の調達方法としては向いてい
ません。

●クラウドファンディング

ここ数年で存在感が大きくなっている新しい資金調達方法です。寄付型，購
入型，貸付型，ファンド型，株式型などいろいろあります。

一般的によく知られているのは，購入型という仕組みです。例えば，「こん

なモノを作りたい」というアイデアを持つ人が，それに共感しそれを欲しいと思った支援者からモノを作るためのお金などを集めます。自分のアイデアが市場に受け入れられるかというテストマーケティングにも使えたり，近年は注目が高まっていますが，通常の資金繰りに使う資金調達というケースにはマッチしないかもしれません。

●保険・共済の解約

保険や共済を解約してお金を得る方法もあります。これは，モノを売るのと同じように資産を現金化する方法ですが，生命保険や共済などで積立金がある場合には，解約することで解約返戻金を得られ，資金繰りに使えます。

ただ，解約してしまうと，いざという時の保障がなくなるので，保険会社に問い合せて契約者貸付制度（115ページ参照）の活用をまず考えたほうがよいでしょう。

資金調達方法について「借りる」「資産を売る」「出資を受ける」「その他」のグループをそれぞれ見てきました。状況によって使えるもの使えないものがありますが，こういう方法があるということを知っておくことが，状況に応じて資金繰りを回すための対応力に繋がります。

Q31 融資はどう使い分ける？

資金使途によって利用する融資形態や期間を判断します。資金使途は，大きく設備資金と運転資金に分かれ，設備資金は通常長期融資を利用します。

一方の運転資金は，原則的な考え方は短期融資での調達ですが，ケースによっては長期融資にて借りることもあります。

融資には図表5-2のような融資形態があります。

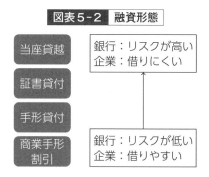

下から上へいくにつれ銀行にとってのリスクが高まります。つまり，企業側にとっては，借入の難易度が高まります。それぞれの特徴とどのような融資の時に活用するかをお伝えします。

❶　商業手形割引

　商業手形割引とは，企業が売上代金決済として受けた受取手形を銀行が買い取る形で資金提供を行う形態です。銀行や経営者との会話の中では「割引」や「手形割引」といったりします。手形割引は，厳密には手形の買取りであり貸付とは違いますが，銀行では融資の1つとして位置付けられています。銀行取引約定書を交わしていない企業からの手形割引依頼には応じません。

　また，もし割引した手形が不渡りとなった場合，割引を依頼した企業は買戻し義務が発生します。そのため，手形割引を行う際の審査では，手形の銘柄のみを審査するのではなく，割引依頼企業（持込企業）の信用状況も大きく影響します。したがって，割引を依頼した企業の財務内容がよくなかったり，借入残高が過大であったりすると手形銘柄が優良企業であっても割引を断られるというケースも発生します。

　手形割引は少し特殊と言えば特殊ですが，銀行は，買い取った手形を期日に

取り立てることで資金を回収できるため，手形が不渡りにならない限り確実に回収することができ，銀行にとって普通の融資よりリスクが少なく，取り組みやすい融資です。

利用頻度の高い業種としては，製造業，建設業，卸売業などで，古くからあり，企業間取引（B to B）における手形取引の多い業種です。

❷　手形貸付

手形貸付とは，約束手形を振り出して借入をする方法です。普段，手形を使っていない会社であっても銀行専用手形（借入のための手形）を使って利用することが可能です。俗に「手貸（テガシ）」と呼ばれます。貸付の手続が簡単であり，頻繁に利用される短期融資に向いている貸付方法です。

貸付期間が短期であることと手形が担保となり貸倒れリスクが低いことから銀行としては，取り扱いやすい融資です。建設業の場合，工事などが完了し売上金が入金されるまでの間に発生する材料仕入れ，外注費などの支払いに充てる為に運転資金として借り，売上金回収時に返済するという形で工事引当資金として借りるケースが多くあります。「工事ひも付き融資」などと呼ばれたりします。IT業も，建設業の「工事」のかわりに「システムの開発」と読み替えて同じような目的で利用されます。

卸売業や製造業などでは，繁忙期や新規取引の開始などの仕入れが集中し，売上金が入金するまでの期間の資金繰りを手当てするために3ヶ月や6ヶ月の短期融資を利用することがありますが，その際にも手形貸付が使われます。

❸　証書貸付

証書貸付とは，「金銭消費貸借契約書」に署名，押印して銀行からお金を借りる方法です。証書（契約書）を交わして融資してもらう形態ですので「証書貸付」と言います。俗に「証貸（ショウガシ）」と呼ばれます。

　契約書の作成，借入企業や連帯保証人の押印，印鑑証明書等必要なものが多く手続が面倒臭いため，利用頻度が頻繁となる短期融資には向いておらず，主に，返済期間が1年以上の長期融資に使われる方法です。証書貸付は，長期融資を受けるのに通常利用される融資形態ですので，全ての業種で利用されます。

　また，短期の融資においても，賞与資金や納税資金などが資金使途の場合，6ヶ月程度の短期融資を分割弁済方式で借りますが，この際に証書貸付が利用されることもあります。

❹　当座貸越

　当座貸越とは，設定された限度額（極度額）までは，自由に資金を借りたり返したりできる融資形態です。また，契約期間内であれば，借りっぱなしにもできます。

　当座貸越は，必要な時にすぐに資金を借りることができるので，借り手の会社にとっては使い勝手がよい一方，銀行としては，リスクの高い融資ですので，財務内容のよい企業でなければ審査は通りません。

　当座貸越の契約期間は，1〜2年程度で，期間が満了したら更新の手続が必要です。財務内容が悪化してしまい更新できない場合には，貸越残高を長期融資に変更し，分割弁済を行うことが多いです。

　ちなみに，銀行のカードローンも当座貸越型の融資ですが，多くの場合，保証会社が保証についており，極度額も小さく設定されています。カードローンの利用は，通常の当座貸越と比べハードルが低い傾向にあります。

　当座貸越は，つなぎの運転資金の発生頻度が高い業種において利用効果が高いと言えます。そういった意味では，やはり建設業やIT業，製造業，卸売業などがそうですが，例えば，売上の季節変動が激しい会社は業種を問わず存在します。比較的キャッシュフローが良いとされている現金商売の飲食業や小売業であっても季節変動の高い業態の場合は，その間の資金不足を補うために利用している会社もあります。

Q32 信用保証協会の保証付融資とプロパー融資はどう違う？

　銀行融資は，大きく信用保証協会の保証付融資とプロパー融資に分けることができます。信用保証協会の保証付融資とは，信用保証協会による保証を付けた銀行融資で，「マル保」や「協会付き」などと呼ばれます。

　融資するのは銀行や信用金庫，信用組合といった民間金融機関ですが，信用保証協会による公的保証が付くので，公的融資に分類されます。

　信用保証協会が保証することで創業期の会社や零細企業，財務不振の会社でも銀行から融資を受けやすくなるので，利用企業の9割は従業員20名以下の小規模企業です。

　信用保証協会の利用のためには，信用保証料が必要となります。また，幅広い業種が利用できますが，一部，対象外業種があり，対象外業種の会社は利用することができません。

　地方銀行や信用金庫，信用組合は信用保証協会の保証付融資に頼る傾向が強く，小規模企業はなかなかプロパー融資を受けることができない傾向にあります。

　プロパー融資とは，信用保証協会による保証の付かない，銀行独自でリスクを負う融資です。財務内容がよく，銀行との信頼関係が築けているなど高い信用力が求められ，小規模企業にとってはハードルが高めです。また，財務内容がそれなりによくても銀行との信頼関係が築けていないとプロパー融資をしてくれないことも多々あります。

　銀行が納得すれば，柔軟な形での対応が可能です。売上規模の大きな会社は，信用保証協会の保証付融資だけに頼っていては，資金調達力に懸念が出ますので，しっかりとプロパー融資を受けられる会社になることが成長のために重要な課題となります。

❶　信用保証協会とは？

　信用保証協会とは，信用保証協会法に基づき，大企業に比べて担保力や信用力が劣る中小零細企業や創業者などの資金調達の円滑化を図ることを目的として設立された公的機関です。

　業歴が浅い，決算の内容が芳しくない，保証人の資産背景が弱い，などの理由から銀行からプロパー融資を受けられない企業に対し，信用保証協会がその企業の信用を保証します。これにより，中小零細企業の資金調達が円滑になります。各都道府県にあり，全国に51ヶ所あります（47都道府県＋横浜市＋川崎市＋名古屋市＋岐阜市の51ヶ所）。原則として，各信用保証協会の管轄区域で事業を営んでいる，もしくは創業する予定である必要があり，事業実態があることが条件となります。

　法人の場合は，本店所在地でなくとも，事業実態のある支店や営業所がある所在地の管轄信用保証協会も利用できます。個人事業の場合は，事業主の住居地でも利用できます。

　直接，信用保証協会に申込みをすることも可能ですが，通常は，銀行や信金に融資の申込みをすると，銀行が信用保証協会の利用に必要な申込書等を用意し，説明の上，保証申込みの事務を行ってくれます。

　信用保証協会の利用の流れは図表5-3のようなイメージとなります。

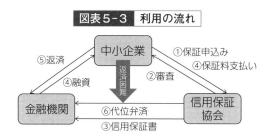

図表5-3　利用の流れ

　信用保証協会には，保証限度額があり無尽蔵に保証してくれるものではあり

ません。1企業（個人・法人）の利用できる保証限度額は2億8,000万円です（組合の場合の保証限度額は4億8,000万円）。この内，無担保で利用できる限度額（無担保枠）は8,000万円です。

　保証制度には沢山の種類が用意されており，通常はそれらの複数を利用しているケースが多いですが，その利用合計額が上記の限度額の範囲内で利用することとなります。

図表5-4　限度額

	個人・法人	組合
普通保証	2億円	4億円
無担保保証	8,000万円	8,000万円
限度額	2億8,000万円	4億8,000万円

　保証限度額は，1企業あたりで設定されていますので，複数の県などに支店がある会社などで，例えば，東京信用保証協会と神奈川県信用保証協会の2つを利用している場合，2つの協会の利用額の合計が2億8,000万円を超えることはできません。

図表5-5　利用制限額

A信用保証協会の保証残高	B信用保証協会の保証残高
合計　2億8,000万円	

　さらに，国の施策による特別な保証（セーフティネット保証など）として，上記の一般保証に係る保証限度額とは別枠で無担保枠8,000万円，普通枠2億円の利用もできます。つまり，通常の保証枠と国の施策による特別な保証枠を合わせて1社あたり無担保枠1億6,000万，担保があれば普通枠4億円をプラスして合計5億6,000万円まで保証を受けることができます。

図表5-6　国の施策による特別な保証枠

通常の保証限度額	国の施策による特別な保証枠
2億8,000万円 (内，無担保枠8,000万円)	2億8,000万円 (内，無担保枠8,000万円)
合計　5億6,000万円	

　上記に加え，2018年4月1日に**危機関連保証制度が施行**されました。リーマンショック時や東日本大震災時等と同程度に短期かつ急速に景気が悪化することにより，中小企業に著しい信用の収縮が全国的に生じていることが確認でき，国として危機関連保証を実施する必要があると認める場合に，実際に売上高等が減少している中小企業者を支援するための措置です。新型コロナウイルスが蔓延しだした2020年2月1日にはじめて発動されました（2021年12月31日まで）。

　通常期においては，上記の通常枠を中心に利用し，セーフティネット保証など利用可能な制度がある場合に国の施策による特別な保証枠を利用します。

　なお，この保証限度額とは，あくまでも制度上の上限額です。信用保証協会も銀行も基本的には企業規模や財務内容，資金使途などを総合的に判断して審査をし，個別に融資の限度額をはかります。したがって，全ての会社が設定されている保証限度額いっぱいまで保証を受けられるというわけではありません。例えば，融資を申し込んだ会社の年商が5,000万円なのに，無担保保証枠の8,000万円いっぱいまで保証されることは基本的にはありません。

❷　どんな会社が信用保証協会を使えるの？

　信用保証協会を利用できる会社に企業規模の制限があります。具体的には，資本金または常時使用する従業員数のいずれか一方が，図表5-7 に該当すれば対象となります。なお，個人事業主の場合は，資本金はありませんので，常時使用する従業員数が該当すれば対象となります。

　なお，あくまでも事業経営に必要な資金を対象としていますので，生活費など個人的なものや事業外の使いみちには利用できません。

図表5-7　資本金および従業員数

業種		資本金	従業員数
製造業など（建設業・運送業・不動産業を含む）		3億円以下	300人以下
	ゴム製品製造業 （自動車または航空機用タイヤおよびチューブ製造業並びに工業用ベルト製造業を除く）	3億円以下	900人以下
卸売業		1億円以下	100人以下
小売業・飲食業		5,000万円以下	50人以下
サービス業		5,000万円以下	100人以下
	ソフトウェア業／情報処理サービス業	3億円以下	300人以下
	旅館業	5,000万円以下	200人以下
医業を主たる事業とする法人		―	300人以下

（全国信用保証協会連合会ホームページより抜粋）

　上記の企業規模の条件に当てはまれば，ほとんどの業種が利用できますが，農林漁業や金融業など一部の業種は保証対象外となります。また，対象業種であっても，許認可や登録，届出等を必要とする業種の場合，許認可等を受けている，もしくはこれから受けることが必要となります。学校法人，宗教法人，非営利団体，LLP（有限責任事業組合）等は，原則信用保証対象外とされています。

　なお，当然ですが，反社会的勢力である場合は，利用することができません。

　図表5-8に東京信用保証協会のホームページに掲載されている対象外業種の一覧を紹介します。なお，2023年6月2日に「中小企業信用保険法施行令及び株式会社日本政策金融公庫法施行令の一部を改正する政令」が閣議決定され，金融・保険業の一部（クレジットカード業・割賦金融業など）が信用保証協会，日本政策金融公庫の対象業種に追加されることとなりました（施行は2023年8月7日）。

図表 5-8 信用保証対象外業種

保証対象外業種等	摘　　要
農　　　　　業	次の業種を除く。 ・荒茶，仕上茶の製造業 ・もやし栽培農業 ・蚕種製造業 ・蚕種製造請負業 ・菌床栽培方式きのこ生産業 ・苗床栽培方式のかいわれ大根製造業 　　　　　　　　　　　　　　　}製造加工設備を有する ものに限る。 ・人工ふ卵設備を有する鶏卵ふ化業及びふ卵業 ・家畜貸付業 ・園芸サービス業 ・蹄鉄修理業
林　　　　　業	次の業種を除く。 ・素材生産業及び素材生産サービス業 ・製造加工設備を有する製薪炭業，薪請負製造業，炭焼請負業及び炭賃焼業
狩　　猟　　業	全　業　種
漁　　　　　業	全　業　種
水　産　養　殖　業	加工まで一貫して行う真珠養殖業を除く。
金　融　業，保　険　業	保険媒介代理業及び保険サービス業を除く。
卸売業，小売業（飲食業を除く。），浴場業，娯楽業，物品賃貸業，宿泊業及びインターネット附随サービス業等のうち右に該当するもの	風俗営業等の規制及び業務の適正化等に関する法律（以下「風営法」という。）第 2 条第 5 項に規定する性風俗関連特殊営業
飲　食　業　の　う　ち右　に　該　当　す　る　も　の	風営法第 3 条第 1 項の風俗営業の許可を受けているもののうち，公序良俗に反するなど社会的批判を受けるおそれのあるもの。
サ　ー　ビ　ス　業　の　う　ち右　に　該　当　す　る　も　の	取立業（公共料金又はこれに準ずるものに関する集金・取立業を除く。）
学　　　　　校	学校法人が経営するもの。
宗教，政治・経済・文化団体その他の非営利事業及び団体（NPO法人を除く。），LLP（有限責任事業組合）	

（東京信用保証協会ホームページより抜粋）

Q33 担保があれば借りられる金額は 増える？

　融資を受ける上で，貸す側にとって貸し倒れることは極力避けたいことですので債権の保全となるものを用意することで，当然貸し手のリスクが軽減され，資金を貸してもらえる可能性が増えますし，貸せる金額も増えます。

　貸す側にとっての債権保全とは，担保を取ることです。最近の日本の金融情勢としては，担保に対する考え方も様変わりしつつあります。これまでのように連帯保証人や不動産担保に頼った融資では限界がある中，債権や在庫などの動産の価値を評価して担保とすることや，そもそも担保や保証に過度に依存しない融資が推進されています。

　ここでは，**担保の多様化が進む中，中小企業が融資を受ける際にどのようなものが担保となり，どの程度の評価で融資を受けられる可能性があるのか**についてお伝えします。

　担保は，大きく物的担保と人的担保の2つに分けることができます。物的担保とは，いわゆる不動産担保のように土地や建物に抵当権を設定したり，動産に譲渡担保などを設定するなど，物や権利などの財産により債権を保全する担保です。人的担保とは，保証人や連帯保証人であり，借り主以外の個人や法人と保証契約を交わし，保証人や連帯保証人の所有する財産により債権を保全する担保です。

❶ 不動産担保

　担保として代表的なものは，やはり土地や建物などの不動産担保です。比較的価値が高く，価値の評価が見積もりやすく，いざという時に売却して現金化

しやすい環境が整っていることで，債権者としても保全が図りやすいので，最も好まれる担保です。担保設定のスキームとしては，多くの場合，抵当権や根抵当権の設定です。

　担保評価については，土地と建物では大きく違います。不動産の評価方法は多岐にわたり，その内容も非常に複雑ですが，ここでは，シンプルに簡潔にお伝えします。

●建物

　建物は，時間が経過するにつれ，価値が減少します。築年数によってその価値が変わってきます。したがって，土地に比べて担保価値が低くなる傾向にあります。

　金融機関が建物の価値の評価を行う際は，不動産鑑定の評価方式を使って計算します。例えば，原価方式による場合，下記の計算式で計算されます。

$$建物評価額 = \frac{建物の延べ床面積(㎡) \times 再調達価格の平米単価}{耐用年数 \times 残存年数}$$

　再調達価格とは，その時点でその建物を建てた場合，どの程度の費用がかかるのかという価格です。銀行によって各構造別に平米単価を設定していることが多く，そのルールに基づいて計算されます。木造の再調達価格を平米単価15万円と設定している銀行が築15年（耐用年数22年，残存年数7年）の延べ床面積200㎡の建物を評価した場合は下記の通りとなります。

$$200㎡ \times 15万円 \div 22 \times 7 = 9,545,454円$$

　原価方式の他，直接還元法やDCF法（Discounted Cash Flow法）などさまざまありますが，ここでは割愛します。

　建物の価格評価を行った後に，金融機関は，建物の評価からさらに4～6割程度の掛け目をかけて担保評価とします。掛け目については，金融機関によって，さらには物件によってバラつきがあります。

　以上のように建物評価およびその担保評価を行いますが，築年数がかなり経っているような建物の場合は，価値がほとんどつきません。土地と建物を一緒に担保提供する場合，建物の評価はゼロで土地だけを評価したり，建物については むしろ解体費用などを見積もる等マイナス評価となる場合もあります。

●土地

　土地は建物のように時間の経過と共に価値が毀損することはなく，有価証券やゴルフ会員権のように価値の上下が激しくないので，金融機関が最も好みます。ただし，その土地の流動性（換金性）があることが重要となりますので，市街化調整区域や農地など各種制限の付いた土地や人里離れた山林の土地など，買い手の付きにくい土地は，担保としての評価が難しくなります。一般的な評価方法は，下記の計算式で計算されます。

> **土地評価額＝敷地面積（㎡）×路線価**

　路線価とは，国税庁が毎年公表している道路に面する標準的な宅地の１㎡あたりの価格です。相続税や贈与税を見積もる際に不動産を評価する場合に適用するものですが，銀行もこの評価を参考にします。路線価は，国土交通省の土地鑑定委員会が公示する地価公示価格の８割程度と言われています。

　上記の計算式を基に，土地の形などにより評価を補正することもあります。

　また，建物と同じように収益性のある土地である場合は，収益価格をあわせて評価したりします。

　担保評価額においては，銀行はさらに土地評価額に７割程度の掛け目を掛けて算出します。掛け目については，金融機関や物件によってバラつきがあります。

●銀行かノンバンクか

　不動産担保があれば融資を受けやすくなると言えますが，銀行は事業融資を行う際，担保評価よりも事業の実績や将来性を重視しますので，担保評価が十

分に見合ったとしても，業績が著しく悪い場合は，融資をしないこともあります。一方，ノンバンクの場合は，担保価値を重視しますので，業績が悪い場合でも担保価値が見合えば積極的に融資をする傾向にあります。

　ノンバンクの中には，不動産担保融資を専門としている会社があります。不動産担保融資専門のノンバンクは，不動産評価のノウハウに長けており，銀行では対応できないような権利関係の複雑な不動産などであっても対応できることがあり，担保評価も銀行よりも高い傾向にあります。ただし，ノンバンクは，銀行に比べ金利の設定が高めで，利息負担が重くなる傾向にありますので，しっかりと検討の上，上手に活用することが重要です。

❷　動産担保・債権担保

　動産や債権を担保として行われる融資をABL（Asset Based Lending）と言います。金融機関の融資の担保は不動産が代表的ですが，中小企業の貸借対照表を見ると，持っている資産は，不動産よりも圧倒的に動産や売掛債権であるのが実態であり，これらの資産を活用した融資が推進されることが求められています。

　動産・債権担保融資は，どんなものでも価値があり換金性のあるものであれば，担保となり得ますが，現実的に担保として機能している主なものには，次のようなものがあります。

●売掛債権

　売掛債権（売掛金）はABLの代表格です。売掛債権を担保とするスキームは，主に売掛債権を譲渡担保に設定するために債権譲渡登記を行うことで対応します。

　金融機関や制度にもよりますが，売掛先への通知や承諾の必要がなく，売掛金入金口座の変更も不要なので取引先からの信用を棄損せずに活用できます。また，登記をしますが，商業登記簿謄本とは別の債権譲渡登記ファイルに記載

されるため，取引先等が債権譲渡登記ファイルを調べない限り，譲渡担保の事実を知られることはなく，信用不安が起こりにくいといえます。

　売掛債権担保融資は，銀行でも行っており，信用保証協会にも制度として用意されています。しかし，実際に活用されているケースは，期待ほど多くはないと思います。その理由は，担保とする債権の評価ノウハウが十分でないことと，手続や管理が煩雑であることが挙げられます。

　売掛債権担保融資を得意としているノンバンクもあり，高度なノウハウを蓄積しているノンバンクは，積極的に中小企業に対応しています。

　売掛債権担保融資を活用するためのポイントは，売掛先が分散していることです。理想は，継続的に売掛金が発生する取引先が数十社以上あり，売掛債権の合計額が大きいことです。

　逆にいえば，売掛債権の金額が大きくとも，それが1～2社の取引先という場合や継続的なものではなく単発的に発生するという場合には対応が難しくなります。このようなケースの場合は，ファクタリングという方法の活用を検討することになります。

　その点から，売掛債権担保融資を利用しやすい業種は，取引先の多い卸売業や運送会社などが代表例です。その他，保守契約が多いIT業なども利用できます。一方で，B to Cビジネスの飲食業や小売業は売掛金が少ないので，利用は難しいといえます。

●在庫・機械設備等

　在庫や機械設備なども売掛債権と同様にABLの代表的な担保対象資産であり，広く活用されることが期待されています。在庫や機械設備等を担保とするスキームは，主に在庫や機械設備等を譲渡担保に設定するために動産譲渡登記を行うことで対応します。

　動産譲渡登記は，担保となるモノの所有権が債権者に移転しますが，質権と違って担保とするものを債権者に渡さずに，手元に置いておくことができます。

　したがって，在庫であれば販売したり，原材料であれば製造に使用したりで

きますし，機械設備等であればその会社が使用し続けることができます。また，生き物でも担保にすることができます。たまに畜産業者が牛や豚を担保に融資を受けたといった報道がされることがあるので，聞いたこともあるのではないでしょうか。

担保として十分な評価がされるかどうかのポイントは，やはり流動性（換金性）です。いくら高価なものでも，それが万が一の際に処分することができなければ債権者としては十分な債権保全ができません。

したがって，その会社独自の機械設備やシステムなどで他の会社では使うことが困難なものの場合は，担保として評価することができません。

銀行による実績は，担保評価の問題や管理の問題などがネックとなり，まだまだ少ないのが現状です。ノンバンクの中には独自のノウハウを確立している会社もありますが活用が広がっているとはいい切れない状況にあります。

●受取手形

受取手形を担保に資金調達する方法としては，商業手形割引があります。商業手形割引については，87ページでお伝えした通りです。

商業手形割引は，銀行に限らず，ノンバンクなどでも対応しています。ノンバンクでは，銀行では対応してもらえなかった会社でも対応してもらえる可能性がありますが，手形割引料が銀行に比べて高くなります。

●預金

銀行は，定期預金を担保に融資をすることもあります。預金は，現金と同等ですので金融機関は預金の担保価値はほぼ100％で評価し，貸付金利も最も低い水準で融資します。預金を担保に融資を受けるというのは，預金を引き出して使えばいいので，それを担保に融資を受ける意義に疑問を持つ方も多いかと思います。実際，利用のメリットは低いといえますので，よほどの事情がなければ利用する機会はないといえます。

活用例としては，定期預金の満期到来までしばらくかかり，今解約すると見

込んでいた利息を得られないという状況で短期的に資金が必要となった場合などに，定期預金を解約するよりも定期預金を担保に短期間の借入を行ったほうが得となる場合に有効です。

　また，預金残高を維持しなければならない事情がある際に利用されることがあります。

❸　人的担保

　人的担保とは，債務者以外の第三者の信用を対象とした担保のことで，保証や連帯保証が代表的です。金融機関等（債権者）と保証人の間で保証契約を交わすことで成立します。銀行融資の実務では，保証ではなく連帯保証を取ります。

　保証人には，催告の抗弁権，検索の抗弁権，分別の利益が認められており，債権者から保証人が請求を受けた場合，「まず主債務者に請求せよ」と請求することができます（催告の抗弁権）。また，債権者から保証人が請求を受けた場合，債務者に弁済の資力があることを証明して，「先に主債務者に請求せよ」と，その請求を拒否できます（検索の抗弁権）。そして，保証人が複数名いる場合は，主債務の金額を保証人の人数に応じて平等の割合で分割した金額分しか責任を負いません（分別の利益）。

　一方，連帯保証人には，催告の抗弁権，検索の抗弁権，分別の利益が認められていません。連帯保証人は，主債務者と同等の責任を負います。そのため，債権者が，主債務者よりも保証人から回収するほうが容易だと思えば，主債務者に返済能力があってもなくても，連帯保証人に対して催促することができます。また，例えば1,000万円の借金の連帯保証人に2人がなっていたとしても分別の利益がない為，それぞれが1,000万円全額の弁済責任を負うことになります。

　このように，連帯保証人は保証人に比べて責任の重い保証となります。

　ただし，実際には，銀行が主債務者を飛び越えて連帯保証人にいきなり返済

を請求することはほとんどありません。連帯保証人に請求がいくのは，通常は主債務者である会社が破綻状態に近い状態になった時です。

　銀行融資の実務において，ここ最近の流れとして，経営者が連帯保証人となることはまだ一般的ですが，経営者以外の第三者の連帯保証人を求めるケースはほとんど見ることはなくなりました。

❹　経営者保証って何？　必要なの？

　経営者による連帯保証を「経営者保証」と呼びます。銀行等が中小企業に融資をする際は，経営者保証を取ることが一般的です。債権者である金融機関の立場からすれば，経営者保証を付けないで融資をした場合には，借り手の企業が有限責任である会社を潰してしまえば借金をチャラにできるという状態となり，モラルハザードが怖くて貸せないというのは理解できます。

　しかし，経営者保証があることで，経営者が思い切った事業展開ができなかったり，創業時に融資を受けることを躊躇したり，事業承継の際に承継者が会社の借金に対する連帯保証も引き継がなければならないことで承継が進まないなど，さまざまな場面でネックとなりがちです。

　そこで，経営者保証なしで融資を受けたり，既存の融資の連帯保証を外すための条件を示した**「経営者保証に関するガイドライン」**が平成26年2月から運用されています。このガイドラインは，法的な拘束力はなく，あくまでも，中小企業，経営者，金融機関共通の自主的なルールです。最終的な判断は金融機関が行います。

　昨今では，政府系金融機関である日本政策金融公庫や商工中金を中心に経営者保証のない無保証融資の取り扱いが増え，2021年実績では，商工中金の貸し出しの7割，日本公庫は4割が無保証融資になっています。

　一方，民間金融機関に関しては，金融庁のまとめでは，2021年10月〜2022年3月の地域銀行の新規融資に占める経営者保証の依存度は，なお64%と過半が経営者保証を付けて融資をしているのが実態です。

　これを受けて，金融庁は，「経営者保証改革プログラム」を策定し，その中で，「中小・地域金融機関向けの総合的な監督指針」の改正を盛り込み，金融機関に対して経営者保証に関する説明責任を厳しくしたり，経営者保証に関するガイドラインの適用をより促進する内容に変更しました。この改正は2023年4月から適用されています。これにより，一部の地方銀行では，原則，経営者保証を求めないことを公表するなど2023年5月現在において，早速変化が見られています。

　今後においても，経営者保証はなくなりませんが，経営者保証に関するガイドラインの示す条件を満たす会社は，これまでよりも経営者保証を付けずに融資を受けられたり，既存の融資から経営者保証を外すことをしやすくなるかもしれません。

❺　経営者保証ガイドラインの3要件とは？

　経営者保証に関するガイドラインに基づいた支援を受けたい場合は，本ガイドラインが求める3つの要件を将来にわたって充足する体制が整備されていることが求められます。その3要件とは以下の通りです。

●要件1　法人個人の一体性の解消

　資産の所有やお金のやりとりに関して，法人と経営者が明確に区分・分離されていることが求められます。

　具体的には，社会通念上適切な範囲を超える法人から経営者への貸付等による資金の流出を防止すること，経営者が法人の事業活動に必要な本社・工場・営業車等の資産を所有している場合，法人所有とすることなどがあります。

●要件2　財務基盤の強化

　財務基盤が強化されており，法人のみの資産や収益力で返済が可能であることが求められます。具体的なイメージは，下記の通りです。

- 業績が堅調で十分なキャッシュフローを確保しており，内部留保も十分
- 業績はやや不安定ではあるものの，業況の下振れリスクを勘案しても内部留保が潤沢で借入金全額の返済が可能と判断できる
- 内部留保は潤沢ではないものの，好業績が続いており，今後も借入を順調に返済し得るだけのキャッシュフローを確保する可能性が高い

●要件3　財務状況の適時適切な情報開示

　金融機関に対し，本決算の報告はもちろん，試算表，資金繰り表等の定期的な開示等，適時適切に財務情報が開示されていることが求められます。

　この3要件のすべてまたは一部を満たせば，経営者保証に関するガイドラインに基づく支援を受けられる可能性が出てきます。具体的な支援例としては，以下が代表的です。

- 経営者保証なしで融資を受けられる可能性がある
- すでに提供している経営者保証を見直すことができる可能性がある

　万が一，経営者保証を履行しなければならない，つまり，会社の代わりに経営者個人が債務を弁済しなければならなくなった時においても，経営者保証の履行によって全財産を失う可能性がある中，ガイドラインに基づく支援を受けることで，一定の資産を残せる可能性があります。

- 破産時の自由財産（99万円）は，原則として経営者の手元に残せる
- 金融機関は，事業再生等の早期着手により法人からの回収見込額が増加した場合，自由財産に加えて「一定期間の生活費（雇用保険の考え方を参考に，年齢等に応じて約100万～360万円）」を経営者に残すことを検討する
- 金融機関は，「華美でない自宅」について，経営者の収入に見合った分割弁済をする等により，経営者が自宅に住み続けられるよう検討する
- 保証債務履行時点の資産で返済し切れない保証債務の残額は，原則として免除する

Q34 銀行融資以外の方法で 資金調達するには？

　ここでは，銀行等からの融資以外の資金調達についてお伝えします。特に，クライアント企業の緊急対応として資金調達が必要となった場合に，調達手段として考えられる「倒産防止共済」や「生命保険の契約者貸付制度」は，頭に入れておいたほうがよいでしょう。

　また，直接金融の方法として中小企業が利用しやすい「少人数私募債」についても解説します。

❶　リース・割賦の活用

　まず，銀行融資以外の方法でよく使うファイナンス手法としては，リースと割賦があります。設備を購入する際は，銀行等から設備資金として融資を受けて購入するケースが多いですが，リースや割賦の利用も併せて検討すべきです。

　銀行は，銀行借入の総額を見て融資の可否を判断する傾向にあることや，信用保証協会の保証枠などの制限もあるので，むやみに銀行からの借入残高を増やしたくないという状況も発生します。

　そのような時は，設備の導入であればリースや割賦を利用することで，それらに影響を与えないようにすることができます。もちろん，全く銀行融資への影響がないかといえば，リースや割賦を利用することで財務内容に影響が出ますので，その影響で融資を受けづらくなることも考えられますが，銀行の借入残高を増やすよりも影響が少ない傾向にあり，信用保証協会の保証枠を使わずに温存する効果があります。

　リースや割賦は，資金を調達する手段ではなく，設備を調達する手段ですので，資金調達方法と表現するのは語弊がありますが，設備を購入する資金を工

面するという意味では，資金調達をしたことと同じ効果がありますので，ここでご紹介します。

●リース

　設備を導入する際に利用するリース契約の多くは，「ファイナンス・リース」です。ファイナンス・リースは，企業が利用するリース物件をリース会社が購入し，リース会社がリース期間中にリース物件の購入資金を全額回収するという契約であり，リース期間中の中途解約は原則できません。企業は，リース期間中にリース料を支払うことで，設備を使用することができます。

	図表5-9　リース活用のメリット・デメリット
メリット	・**設備の導入時にまとまった資金が不要** 　設備の導入時に設備購入資金を用意する必要がなく，月々のリース料を支払うことで設備を使用できる。手元資金を大きく減らさずにすむので，資金繰りに効果がある。 　また，融資の場合は，担保を要求される可能性があるが，リースであれば，担保を要求されることはない。 ・**リース料は定額でありコスト管理が容易** 　設備をリースではなく，融資で購入した場合は，融資の支払利息，減価償却費，固定資産税，設備に伴う保険料等の計算をしなければ，設備導入に伴うコストの管理ができないが，リースの場合であれば，月々のリース料金だけを把握すればよいので，管理がシンプルになる。 　また，リース料は通常定額なので，変動金利による融資と比較すると金利変動リスクもない。 ・**設備所有に伴う事務処理の簡素化・コスト削減が図れる** 　リースによる設備取得の場合，設備購入手続，保険手続，固定資産税の納税，設備廃棄手続など設備の所有に伴う手続が不要で，事務処理が軽減され，それに関わる人件費の削減にも繋がる。
デメリット	・**中途解約ができない** 　リース契約は，リース期間中の中途解約が原則できない。 　また，銀行融資の場合は，資金繰りに困った際は，銀行と交渉して返済のリスケジュール（リスケ）を行えるが，リース契約には，リス

108

ケという概念がないので，原則的にはリスケはできない。

　資金繰りが逼迫し，リース会社への支払いが滞ると，リース会社に対する債務不履行となり，利用していた会社は期限の利益を喪失する。リース会社はリース契約を解除して目的物を回収し，リース料全額の支払いを請求することになる。

・融資に比べて割高になる

　リース料には，物件価額の他に，税金や保険料などの付随費用が含まれており，さらにリース会社の利益となる利息も乗せた金額がリース料となるので，リース支払い総額は，購入の場合よりも割高となる。融資で購入した場合の融資利息を含めても割高になることが多い。

・物件の所有権を取得できない

　リースの場合，物件の所有権はリース会社にあり，使用している会社の所有物ではない。

　リース期間終了後も引き続きリース物件を使用するのであれば原則，再リースとなり，使用を続けている間は，再リース料の支払いが続くこととなる。

●割賦購入

　割賦購入とは，購入代金を分割払いで支払うというものです。一般的には，「月賦」や「クレジット」と呼ばれ，クレジットカードで商品を購入し，リボルビング方式で代金を支払う方法などをイメージされるかもしれません。ここでは，企業が設備購入時に利用するケースを想定したメリット・デメリットを，リース契約との比較も含めて解説します。

図表5-10　割賦活用のメリット・デメリット

割賦活用の メリット	**・設備の導入時にまとまった資金が不要** 　設備購入時に購入代金全額を用意する必要がなく，月々の分割支払いで購入できるので，手元資金を大きく減らさずにすみ，資金繰りに効果がある。 　また，割賦取引の場合，譲渡担保や所有権留保の形で保全されているので，別途物的担保を要求されることはない。

	・契約期間や対象物件が柔軟 　リースの場合は，契約期間の上限は原則法定耐用年数までであったり，税務上の適正リース期間が定められているなど，契約期間の設定に制限があるが，割賦契約の場合は，契約期間に物件の耐用年数による制限がなく，ある程度柔軟に期間を設定することができる。 　また，金融機関によって違いはあるものの，割賦契約を利用できる対象物件は，リース契約を使える対象物件に比べ幅広く，柔軟である傾向にある。 **・対象物件が自己所有物になる** 　リースの場合は，契約期間が終了しても原則再リースとなり，所有権が移転しないのに対し，割賦購入の場合は代金を完済すると所有権が企業に移転するので，割賦購入の場合は最終的には，自社の所有物になる。したがって，事業の都合上等で自社で所有することが適当な設備などについては，リースではなく割賦購入を検討すべきである。
割賦活用の デメリット	**・中途解約ができない** 　リース契約と同様，契約期間中の中途解約は原則できない。 　また，リスケについても，交渉により毎月の支払額を減額してもらうことができることがあるが，銀行融資のリスケよりもハードルが高くなる。 **・コスト管理が必要** 　割賦購入した場合は，減価償却費，固定資産税，設備に伴う保険料等のコスト計算をしなければ，設備導入に伴うコストの管理ができない。 　また，設備購入手続，保険手続，固定資産税の納税，設備廃棄手続など設備の所有に伴う手続は自社で行う必要がある。 **・頭金が必要になることもある** 　リース契約では，多くの場合頭金を必要としないが，割賦購入の場合，頭金を要求されることがある。したがって，初期費用を抑えたい場合は，リースのほうがよいケースもある。

　以上の内容を簡潔にまとめて融資，リース，割賦のそれぞれによる設備導入の場合の比較をすると**図表5-11**のようになります。

図表5-11 比較表

	融資	リース	割賦購入
対象物件	—	汎用性のある動産 (各リース会社による適格物件)	ほぼすべての動産 (割賦販売を行う事業者・金融機関等により制限あり)
契約期間	任意設定	耐用年数に基づき設定	任意設定
所有権	事業会社	リース会社	金融機関等が所有権を留保し，代金完済時に事業会社へ所有権移転
契約形態	金銭消費貸借契約	リース契約	割賦販売契約
管理事務 (購入手続，減価償却，固定資産税納付，保険料の支払い等)	事業会社	リース会社	事業会社

❷ 経営セーフティ共済（中小企業倒産防止共済）

　「経営セーフティ共済（中小企業倒産防止共済)」とは，中小企業が取引先の倒産の影響を受けて連鎖倒産や経営難に陥ることを防ぐための国の共済制度です。2022年3月末現在で約59万の企業や事業者が利用しています。この制度は，中小企業倒産防止共済法に基づき，独立行政法人中小企業基盤整備機構が運営しています。

　どんなに健全な会社でも取引先の倒産という事態はいつ起こるかわかりません。万が一，大口の取引先が倒産し，その会社に対して売掛債権を持っていて焦げ付いてしまった場合，最悪のケースでは，連鎖倒産ということも考えられます。倒産までいかずとも一気に窮地に追い込まれてしまったという企業は少なくありません。経営セーフティ共済は，そのような不測の事態に直面した中

小企業にとって迅速な資金調達の手段として重宝します。

　ただし，事前に加入していなければ利用できませんので，早めに対応しておくことが肝要です。

　経営セーフティ共済に加入できるのは，引き続き1年以上事業を行っている中小企業者で，図表5-12の各業種において，「資本金の額または出資の総額」「常時使用する従業員数」のいずれかに該当する会社または個人の中小企業者です。

図表5-12　中小企業者の定義

業種	資本金の額または出資の総額	常時使用する従業員数
製造業，建設業，運輸業その他の業種	3億円以下	300人以下
卸売業	1億円以下	100人以下
サービス業	5,000万円以下	100人以下
小売業	5,000万円以下	50人以下
ゴム製品製造業（自動車または航空機用タイヤおよびチューブ製造業ならびに工業用ベルト製造業を除く）	3億円以下	900人以下
ソフトウェア業または情報処理サービス業	3億円以下	300人以下
旅館業	5,000万円以下	200人以下

　なお，企業組合，協業組合，共同生産，共同販売等の共同事業を行っている事業協同組合，事業協同小組合，商工組合も対象です。医療法人，農事組合法人，NPO法人，森林組合，農業協同組合，外国法人等は加入対象になりません。

　毎月の掛金は，5,000円から20万円までの範囲内（5,000円単位）で自由に選べ，加入後，掛金の増減もできます（減額する場合は一定の条件あり）。総額が800万円になるまで積み立てることができ，掛金は法人であれば税法上損金に，個人事業者であれば必要経費に算入できます。

借入限度額は，掛金総額の10倍に相当する額か取引先の倒産により回収困難となった売掛金債権と前渡金返還請求権の額のいずれか少ない額の範囲内となります。つまり，その時点で掛金の積立が100万円であれば，その10倍の1,000万円以内で，回収困難な売掛債権額の範囲で共済金の借入が受けられます。

ただし，積立できる金額は800万円までなので，借入上限もその10倍の8,000万円です。借入額は原則，50万円から8,000万円で5万円単位です。

なお，取引期間が1年以上ある主要取引先（売上高の20%以上を占める取引先）が倒産した場合は，回収困難となった売掛金債権等の額に，一定金額が加算されます。返済期間は，**図表5-13**の通りで6ヶ月の据置期間後に均等分割による毎月払いです。

図表5-13 借入額と返済期間

借入額	返済期間※
5,000万円未満	5年
5,000万円以上6,500万円未満	6年
6,500万円以上8,000万円以下	7年

※ 6ヶ月の据置期間含む

無担保・無保証人にて借りることができ，無利子で借りられます。ただし，共済金の借入額の10分の1に相当する額が掛金総額から控除され，控除額に相当する掛金の権利も消滅します。また，返済が延滞された場合は，14.6%の違約金が課せられます。

このように経営セーフティ共済は，取引先企業に「倒産」が生じた場合の手当てとして大変助かる制度ですので，クライアント先にぜひ教えてあげてください。特に手形取引のある会社は入っておくと安心でしょう。加入の申込みは，取引銀行の窓口・商工会議所などでできます。

なお，以下のいずれかに該当する場合は共済金の借入ができません。

① 取引先事業者の倒産が，加入後6ヶ月未満に生じたものである時
② 加入から取引先事業者の倒産日までに，6ヶ月分以上の掛金を納付していない時
③ 共済金の借入手続が，取引先事業者の倒産日から6ヶ月を経過した後になされたものである時
④ 共済金の借入時に共済契約者が中小企業者でない時
⑤ 借入額が少額であって，次の1また2のいずれの額にも達しない時
　(1) 50万円（共済契約締結時の掛金月額が5,000円であり，かつ共済契約が効力を生じた日から共済金の貸付請求の日までの期間が6ヶ月以上10ヶ月未満である共済契約者にあっては，5,000円に掛金の納付をすべきであった月数を乗じて得た額の10倍に相当する額）
　(2) 共済契約者の月間の総取引額の20%に相当する額
⑥ 共済金の借入手続をした共済契約者に倒産または倒産に準ずる事態が生じている時
⑦ 共済契約者がすでに借り入れた共済金の返済を怠っている時
⑧ 倒産した取引先事業者に対し，売掛金債権等を有することとなったこと，またはその回収が困難となったことにつき，共済契約者に悪意または重大な過失があった時
⑨ 上記のほか，共済契約者と倒産した取引先事業者との取引額，代金の支払方法などが確認できない時

　注意点として，取引先事業者の「倒産」とは，図表5-14の事態が取引先事業者に生じることです。いわゆる「夜逃げ」は該当しません。したがって，取引先との連絡が取れないために資金繰りが悪化してしまった場合は，この制度による貸付を受けることができません。

図表 5-14　倒産とは

倒産の事態		倒産日
法的整理	破産手続開始，再生手続開始，更生手続開始，特別清算開始の申立てがされること	申立てがされた日
取引停止処分	手形交換所に参加する金融機関によって取引停止処分を受けること	取引停止処分の日
でんさいネットの取引停止処分	でんさいネット（株式会社全銀電子債権ネットワーク）に参加する金融機関によって取引停止処分を受けること	取引停止処分の日
私的整理	債務整理の委託を受けた弁護士等[※1]によって，共済契約者に対し支払いを停止する旨の通知がされること	通知がされた日
災害による不渡り	甚大な災害の発生によって，手形等[※2]が「災害による不渡り」となること	当該手形等の手形交換日または呈示日
災害によるでんさいの支払不能	甚大な災害の発生によって，でんさいが「災害による支払不能」となること	でんさいの支払期日
特定非常災害による支払不能	特定非常災害[※3]により代表者が死亡等した場合に，弁護士等によって，共済契約者に対し支払いを停止する旨の通知がされること	通知がされた日

※1　弁護士または認定司法書士（法務大臣の認定を受け訴訟の目的となるものの価額が140万円を超えない請求事件訴訟等について代理業務を行うことができる司法書士）

※2　手形，小切手その他手形交換所においてその表示する金額による決済をすることができる証券または証書

※3　政府が「特定非常災害の被害者の権利利益の保全等を図るための特別措置に関する法律」に基づき指定する大規模な災害

　詳しくは，独立行政法人中小企業基盤整備機構のホームページ（https://www.smrj.go.jp/kyosai/tkyosai/about/proceed/index.html）をご確認ください。

❸　保険契約者貸付制度

　保険契約者貸付とは，保険契約期間中に一時的に現金が必要になった場合，その時点の解約返戻金の一定の範囲内で，保険会社から金銭を借りることができる制度です。

　資金繰りに困って，経営者にかけている生命保険を解約して，解約返戻金により資金補塡をしようと考えるケースもありますが，保険を解約してしまうと，その時点で保障を受ける権利がなくなります。契約者貸付を利用すれば，保障を維持しながら資金調達を行うことができ，手続も簡単で現実的な方法です。

　貸付を受けられる金額は，解約返戻金の70～90%程度が一般的です。保険商品によって，保険契約者貸付を受けられないものもあります。貸付を受けられない場合は，解約して解約返戻金によって対応することを検討しますが，生命保険はリスクマネジメントの面でも経営上，非常に大切なものです。解約して現金化する場合であっても，解約する前に保険料が比較的安くなる掛け捨て型のものに加入してから解約をすることを検討すべきでしょう。そうすることで，ある程度の保障を維持することができます。

❹　少人数私募債

　少人数私募債は，社債の一種です。社債を発行する場合に必要となる財務局への有価証券届出書や有価証券通知書などの提出といった行政手続の必要がなく，取締役会の議決だけで発行できるという手続の簡易さに加え，償還期限（返済期限）や利率を自由に設定できるなど，中小企業が利用できる直接金融としては，比較的使い勝手がよくメリットが多いです。

　当然，銀行の審査が必要ないため，銀行から融資を受けることが難しい会社にとって有効な資金調達手段になります。ただし，社債を引き受けてくれる縁故者がいなければ資金調達はできません。

●少人数私募債の発行要件

① 会社（株式会社・合同会社・合資会社・合名会社）であること
② 縁故者に限定して，社債を直接募集すること
③ 社債引受の勧誘対象は50名未満で，不特定多数の者に対する募集でないこと
④ 社債購入者に証券会社や銀行などの「金融プロ」がいないこと
⑤ 社債発行総額が最低券面額の50倍未満であること
⑥ 取得者から多数の者（50名以上）に譲渡されるおそれがないこと

⑦ 会社（株式会社・合同会社・合資会社・合名会社）であること
　※会社である必要があり，個人事業の場合，発行することができない。

⑧ 縁故者に限定して，社債を直接募集すること
　※少人数私募債は，証券会社等を通さず直接募集を行い，不特定多数に対して募集することは
　　できず縁故者に限られる。縁故者とは，経営者の親族や従業員，従業員の親族，取引先，友
　　人・知人などであり，年賀状を出す範囲の相手とも言われたりする。

⑨ 社債引受の勧誘対象は50名未満で，不特定多数の者に対する募集でないこと
　※勧誘の対象者は，50名未満，つまり49名以下でなければならない。
　　注意点として，勧誘段階では50名以上の方に声をかけ，最終的に発行する人数が49名以下
　になればよいわけではなく，勧誘も49名以下でなければならない。
　　さらに，少人数私募債は短期間に何度でも発行できるが，同一種類（償還期限と利率が同じ
　条件）の少人数私募債を複数回発行する場合は，過去6ヶ月以内の通算の人数が49名以下
　でなければならない。例えば，1回目の発行で20名勧誘した後，6ヶ月以内に同一種類の
　少人数私募債の2回目を発行する場合は，29名（49−20名）までしか勧誘することができ
　ない。ただし，初回発行日より6ヶ月を経過したら，再び49名以下で少人数私募債を勧誘
　することができる。
　　また，自社等のウェブサイトで社債発行の応募者を募ったり，新聞や雑誌等で勧誘した場合
　は，不特定多数への募集となり，「私募」ではなくなるので注意が必要。

⑩ 社債購入者に証券会社や銀行などの「金融プロ」がいないこと
　※「金融プロ」とは，適格機関投資家と言われる以下プロの金融関係者を言う。
　　証券会社／銀行／信用金庫（連合会）／労働金庫（連合会）／保険会社／投資信託委託業者
　　／農林中央金庫／商工組合中央金庫など
　　　詳しくは，「金融商品取引法第二条に規定する定義に関する内閣府令」に記載。

⑪　社債発行総額が最低券面額の50倍未満であること

※社債発行総額が最低券面額の50倍未満であることとは，つまり，社債の発行総額は，最低券面額の49倍が上限となる。例えば，最低券面額が100万円とした場合の発行総額は4,900万円となる。

また，発行総額が1億円以上になる場合は，以下の事項を社債引受者に対し告知しなければならない。

・有価証券通知書，有価証券届出書を提出していないこと

・記名式で，一括譲渡以外の譲渡が制限されていること

・表示単位未満の分割制限が課せられていること

⑫　取得者から多数の者（50名以上）に譲渡されるおそれがないこと

※発行時に社債を引き受けた社債権者が，発行後に所有する社債の一部を第三者に売却することで結果として社債権者が50名以上となってしまわないようにしなければならない。

通常，募集要項に，発行する社債には転売制限（一括譲渡以外の譲渡の禁止）がある旨を記載しておくなどの対応を行う。

●少人数私募債のメリット

図表5-15　代表的な少人数私募債のメリット

運用する時の決議が迅速にできる	原則として，取締役会が設置している株式会社は取締役会の決議で（取締役会非設置会社では，株主総会で決議）することができるので，迅速な経営判断により運用できる
資金の運用性が高い	社債の償還期間を設定することができるので，長期でも短期でも，社債購入者が納得してくれれば，発行企業のニーズに合わせた期間を設定でき，資金の運用性が高くなる。償還期間の到来時には，借換えをすることも可能
資金繰りが向上	一般的に金融機関から長期融資を受けた場合は，月々の分割返済となるので融資を受けた額の全てを借入期間中ずっと運用することはできない。一方，少人数私募債は通常は償還時に一括返済するので，期間中満額使うことができる。利息も通常年1回の後払いとなるので，調達した資金を効果的に使うことができ，資金繰りが向上する

担保が不要	中小企業が金融機関から融資を受ける場合，担保を求められることも多く，担保がない場合は，多額の借入は困難となる。一方，少人数私募債の場合は，縁故者への発行であり，応援者である場合が多く，担保の有無が問題となることはあまりない
財務局に対する届出が不要	公募債を募集する際には，通常は財務局への届出書や通知書の提出等の行政手続が必要となるが，少人数私募債の発行要件を満たせば，そのような手続は不要
社債管理者を定める必要がない	一般に社債を募集する際には，社債権者の保護のため，社債管理者を定めて社債の管理を委託するのが原則であるが，少人数私募債の場合は，社債管理者を定める必要がない。社債管理者に支払うコストを削減することができる
経営権に影響がない	第三者割当増資により資金調達を行う場合，株主構成に影響があり，経営権に影響をおよぼすことになるが，少人数私募債は，社債であり負債なので，経営権には影響がない

●少人数私募債の発行における留意点

　少人数私募債の発行のメリットを享受するには，何よりも社債権者になってくれる人，つまりお金を拠出する人がいなければはじまりません。

　そのため，少人数私募債による資金調達を円滑に成功させるためには，日頃の人となりも影響しますので，社内での態度や取引先への対応，プライベートでの人間関係が良好であることが求められます。また，人間性に加え，事業性も当然重要です。根拠のある事業計画を策定し，その事業計画が達成可能であり，社債を計画通り償還できることについて説明し，納得してもらわなければなりません。いくら人間性が優れていても，事業性に疑問が残るようでは，応援したくとも資金を提供しようと思う人はいないでしょう。

　実現性の高い具体的な事業計画を策定することが難しく，社内の人材だけでは荷が重いケースも少なくありません。そこで，専門家である皆さんが一緒になって考え，策定支援をすることが求められていることの1つです。

●少人数私募債の発行手順

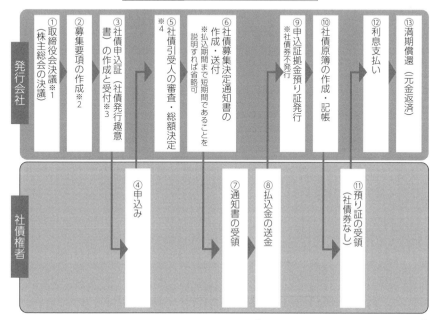

図表5-16　少人数私募債の発行手順

（http://www.r-cs.net/shibosai/）

※１　取締役会決議

　社債を発行する際は取締役会の決議が必要になるので，社債発行に関する取締役会決議を行い，決議事項を記載した取締役会議事録を作成する。

　なお，取締役会非設置会社では，株主総会で決議し，株主総会議事録を作成する。

※２　募集要項の作成

　募集総額，利率，償還期間，償還方法などを記載した募集要項を作成する。

　利率は，一般的に銀行預入利率より高めに設定し，社債権者のモチベーションを高める。償還方法は，満期一括償還が一般的であり，償還期間に関しては，資金使途（設備資金・運転資金など）によっても異なるが，５年程度が一般的である。募集要項には，第三者への転売制限（一括譲渡以外の譲渡禁止）がある旨を記載しておく必要がある。募集方法としては，一人一人勧誘する場合と，説明会を開く場合とがある。

※３　社債申込証の作成と受付

　社債の引受申込みは社債申込証によって行う。少人数私募債の社債申込証には，募集要項と同様に

募集総額，利率，償還期間，償還方法などを記載する。

　少人数私募債の社債申込証を作成する際には，「応募額が募集総額に達しない場合は，応募額をもっ
て発行社債総額とする。」という記載をしておくことで，応募総額が当初予定していた発行総額に満た
ない場合でも社債を発行することができる。

※4　社債引受人の審査・総額決定

　申込者が適格であるか慎重に審査を行うことが必要である。非協力的な人から申込みがある場合に
は，目先の資金に惑わされずに，後々のトラブルを避けるため，丁重に断ることも必要となる。

　引受人が決まったら，発行総額を決定する。

COLUMN⑥

事業拡大したい会社をどうサポートする？

　事業拡大をスムーズに達成するためには，事業拡大に伴って増加する資金需要に与信力が追い付いていけるようにサポートすることが肝要です。

　57ページの「右肩上がりで急成長中なのに落とし穴？」でもお伝えした通り，銀行は，急成長している会社を警戒する傾向にあります。急成長のスピードに与信力が追い付かずに黒字倒産してしまうという例がありますので，そうなることのないように支援します。

　安定的な金融支援のためには，2つの達成したいポイントがあります。

　1つは，財務内容のよい会社になること，もう1つは，積極的に自己開示して銀行に自社の状況を把握してもらえている状況を作ることです。

①　財務内容のよい会社になること

　財務内容のよい会社になるとは，シンプルによい決算になるように経営することです。損益計算書を見ると年々売上は伸びて，利益も順調に増えている会社でも，貸借対照表がボロボロだという会社は少なくありません。例えば，資金管理がずさんで，社長の個人的な目的で会社のお金が社長個人など社外へ流れている，営業に邁進するあまり，管理面が疎かで，顧問税理士とのコミュニケーションが取れておらず，実際にはない現金がやたらと多かったり，使途不明金が沢山残ったまま決算処理がされ，結果的に仮払金や貸付金などの科目に溜まってしまっているなどです。

　資金調達にしても，十分に考えて銀行取引をせずに，「借りられればいい」という判断で，営業に来た銀行からいわれるがまま取引をして，金融機関別の取引明細を作ってみると，社長がどのように銀行取引をしていこうと考えているのか，全く見えてこないというケースも多々あります。

　こうした部分を改善し，金融機関が評価しやすい決算書を目指して支援していきます。

　なお，財務内容のよい会社を目指そうと考えた際には，とにかくいろいろな財務指標を計算するものの，何から手を付けるべきか途方に暮れるという方も

多いと思いますが，基本的には，「総資産経常利益率（ROA）」がよくなっていくことを意識すると，財務のよい会社になっていくことができます。

　総資産経常利益率の計算式は，経常利益÷総資産×100で，この総資産経常利益率の式を分解すると，以下のようになります。

$$\text{総資産経常利益率（ROA）} = \frac{\text{経常利益}}{\text{総資産}}$$

$$= \frac{\text{経常利益}}{\text{売上}} \times \frac{\text{売上}}{\text{総資産}}$$

$$= \text{経常利益率} \times \text{総資産回転率}$$

　以上から，総資産経常利益率は経常利益率と総資産回転率をかけ合わせたものであり，つまりは，利益率と資産回転率を良化させることが，総資産利益率の良化に繋がることがわかります。
　したがって，会社をよくするための行動としては，

1　利益率の向上⇒原価，販管費の管理により利益率を高める。
2　総資産回転率の向上⇒少ない資産（適量な資産）で大きな売上を上げる。

　こう考えると非常にシンプルであり，やるべきことが見えてくるのではないでしょうか。
　会社の支援をする際には，いろいろな課題があり，またそれらが複雑に絡み合っています。何から手を付けるべきか混乱してしまうことも多いでしょう。なるべくシンプルに考え，シンプルに行動することが結果を出しやすくするコツだといえます。

②　積極的に自己開示して銀行に自社の状況を把握してもらえている状況を作る
　非常に重要な取り組みです。具体的には，取引銀行と定期的に情報共有して，銀行が自社の状況を把握しやすい環境作りをします。169ページの「取引銀行から積極的な提案がもらえる会社の取り組み」で詳細をお伝えします。

③　銀行に頼らない資金調達

　①②2つのことを支援することで，円滑な銀行取引を実現させることができます。銀行は事業拡大推進の力になってくれるでしょう。

　ただし，事業の拡大局面では，銀行ではどうしても対応し切れないケースもあります。銀行は，基本的に過去から判断をするので，明るい未来予測だけで融資はできません。

　そういうケースでは，少人数私募債の活用やベンチャーキャピタルからの出資などを検討しながら，融資では足りない部分を補う支援をします。

　場合によっては，他社を買収する，他社の事業を譲受することで事業拡大に勢いをつける判断もあるかもしれません。もしくは，逆に自社の事業ポートフォリオの見直しから，一部の事業を他社に譲渡することで，伸ばしたい事業にリソースを集中させ，同時に事業譲渡によってまとまった資金を得るなどM&Aを組み合わせて検討するケースもあります。

　銀行に頼らない資金調達方法については106ページも参考にしてください。

第**6**章

資金調達における銀行との
交渉をサポートする

Q35 金融機関にはどのような種類がある？

　中小企業が資金調達でお世話になる金融機関には，銀行，信用金庫，信用組合，日本政策金融公庫，ノンバンクがあります。ここでは，それぞれの特徴について融資取引をすることを前提とした解説をします。

❶ 銀行

　いわゆるメガバンクや地方銀行のことです。分けて解説しますが，両者とも営利法人である株式会社として運営されており，監督官庁は，「金融庁」です。

●メガバンク

　三菱UFJ銀行，三井住友銀行，みずほ銀行の３行を「メガバンク」と呼びます。

　業績のよい企業に対しては，規模を活かして，地方銀行や信用金庫などが提案できないような好条件を提案したり，融資を決定するまでのスピードがはやいなど，積極的な営業を行います。

　ただし，効率の悪い小さい金額の融資案件は敬遠する傾向にあります。また，業況が悪くなった時の対応も地方銀行や信用金庫と比べてドライです。創業期の会社や小規模な会社にとってベストの取引金融機関とはいえません。

●地方銀行

　地方銀行は，本店のある都道府県を中心に営業を展開します。第一地方銀行と第二地方銀行に大別されます。

　第一地方銀行は，本店所在地を置く都道府県の中でメガバンクを除いて最も

大きな金融機関であることが多く，第二地方銀行は，第一地方銀行と比べると小規模な傾向にあります。

　なお，第一地方銀行という呼び名は正式ではなく，第二地方銀行と区別するための俗称であり，全国地方銀行協会の会員となっている地方銀行のことを指します。一方，第二地方銀行は，第二地方銀行協会の会員となっている地方銀行です

　第一地銀と第二地銀は，信用保証協会の保証付き融資を中心に取り組みます。

　以前は，融資取引のある企業には毎月訪問し，経営状態などの情報収集をしていましたが，最近では業務効率化の一環で訪問頻度も減っています。

　新規営業については支店ベースで行うのではなく，法人新規営業の部隊を別に作って，一括して対応するという仕組みで取り組んでいる銀行も登場しています。

❷　信用金庫・信用組合

●信用金庫

　信用金庫は，信用金庫法に基づく非営利の協同組織金融機関で，地域の個人，法人が会員となって互いに地域の繁栄を図る相互扶助を目的としています。監督官庁は，銀行と同じく「金融庁」です。

　融資取引は原則として信用金庫の会員が対象です。預金取引には制限はありません。信金の会員資格は，信金のある地域内に住所または居所を有する者や事業所を有する者とその事業所の従業員，役員です。事業者は，従業員300人以下または資本金9億円以下の中小事業者である必要があります。会社の規模が大きくなると信用金庫から原則融資を受けられなくなります。このような会社を俗に「卒業生」と言い，「卒業生」に対しては，その後も一定期間に限り融資を継続できる「卒業生金融」という制度もあります。

　信金の営業地域は一定の地域に限定されており，本店の所在する市区町村内を中心に店舗展開をしています。大都市圏と過疎地域の差が非常に大きく，店

舗展開が10店舗程度の信金もあれば，100店舗超の規模の大きな信金もあります。

●信用組合

信用組合は，信金と同じく非営利の協同組織金融機関です。信金よりもさらに規模が小さく，営業地域も狭くなります。店舗数は数店舗から数十店舗程度の展開です。正式名称を「信用協同組合」といい，設立根拠法は，「中小企業等協同組合法」であり，いわゆる中小企業が集まって作る「共同組合」と同じく，組合員の出資による協同組織の非営利法人です。「中小企業等協同組合法」とは別に「協同組合による金融事業に関する法律」による規制を受けており，監督官庁は，銀行，信金と同じく「金融庁」です。

略称は「信組」で，読み方には「しんくみ」や「しんそ」がありますが，業界では「しんくみ」が正しいそうです。信用組合は，預金や融資の取引ができるのは原則として組合員としています。信金と違い，「卒業生金融」の制度はありません。なお，預金については，総預金額の20％まで組合員以外の預金が認められています。

組合員になれるのは，信組のある地域内に住所または居所を有する者や地域内で事業を行う小規模事業者とその従業員，役員です。小規模事業者とは，従業員300人以下または資本金3億円以下の事業者（卸売業は100人または1億円，小売業は50人または5,000万円，サービス業は100人または5,000万円）となります。

●信金・信組のメリット

基本的には信金，信組共に信用保証協会による保証付き融資が基本です。

一部のメガ信金と呼ばれる規模の大きい信金は地方銀行に匹敵する程の預金残高を有しており，1案件あたりの融資取り扱い金額も大きいですが，一般的な信用金庫や信用組合においては預金残高が5,000億円未満の規模が多く，1案件あたりの融資取り扱い金額も小さくなります。したがって，成長して企業

規模が大きくなると，信金や信組との取引だけでは不十分となります。

　金利面では，メガバンクや地銀と比べ高くなりますが，その分，きめ細かいサービスを売りとしています。「face to face」を謳い文句とし，毎月定期的に会社訪問を実施し，きめ細やかな対応をしてくれますので，中小企業にとって重宝する存在です。

❸　日本政策金融公庫

　日本政策金融公庫は，2008年10月に国民生活金融公庫，中小企業金融公庫，農林漁業金融公庫，国際協力銀行（国際金融等業務）の4つの機関の統合により設立されました。政府全額出資のいわゆる政府系金融機関です。

　政府系金融機関として，特に日本政策金融公庫の国民生活事業は，民間の金融機関である銀行などから融資を受けにくい中小零細企業や創業期の会社，そして，これから起業する方などへの融資を積極的に行います。そのため，中小企業の多くが日本政策金融公庫との付き合いを持ちます。創業期の会社や小規模の会社は，借入残高シェアの一番高い金融機関が日本政策金融公庫であるケースも多いです。

　しかし，日本政策金融公庫がメインバンクになることはありません。政府系の金融機関ですから民間の需要を圧迫しないように，あくまでも銀行等の補完的な位置付けです。

　会社の規模が大きくなるにしたがって，日本政策金融公庫からの融資のシェアは低下し，地元の銀行や信金が中心になっていくでしょう。

●日本政策金融公庫のメリット

　日本政策金融公庫を利用するメリットは，銀行などの民間金融機関より金利が低く固定金利という点です（金利が低いというのは，銀行のプロパー融資の金利と比べて低いということであり，銀行融資でも信用保証協会の保証付きの融資であれば，日本政策金融公庫とほぼ同水準の金利です）。

　利率は借入期間や制度の種類によっても違います。一定期間に更新されていますので日本政策金融公庫のホームページをその都度確認してください。

　銀行や信金とは違い，営業担当者が会社を訪問したり，取引企業の業況を把握するということはしません。営業的な行動としては，融資を受けた後，ある程度返済が進むと，連絡が来て追加の融資について提案があります。

　エンドユーザーである中小企業に対する直接の営業は盛んには行いませんが，士業事務所との連携を積極的に取っています。また，各地で創業セミナーを開催するなど，創業者への啓蒙活動も行っています。

❹　ノンバンク

　ノンバンクは，銀行や信用金庫，信用組合などの金融機関以外で，貸金業を営む金融会社の総称です。具体的には，信販会社やクレジットカード会社，消費者金融会社，事業金融会社，リース会社等を指します。

　銀行と違い，預金業務や為替業務を行わず，貸出（融資）業務のみを行うため，貸付原資の資金調達を，銀行などからの借入等によって賄います。資金調達コストが銀行と比べて高いため貸出金利も高く設定されています。

　「高利貸し」のイメージが強く敬遠されますが，上手に活用すれば中小企業の力強い味方です。活用方法を間違えると，高金利ゆえ，利息負担が重く，経営を圧迫してしまうことになります。支援する専門家が正しくフォローしてあげることで，より効果的にノンバンクを活用できるでしょう。

　ノンバンクをいわゆる「闇金」と混同している方がいますが，まったく違います。闇金とは，貸金業を行うために必要な登録を行っていない金融会社や利息制限法の上限金利を超える金利で貸付を行っている金融会社など，いわゆる違法な貸金業者です。

　グレーゾーン金利の撤廃により，ノンバンクの多くは，経営不振に陥りました。現在においては，事業者向けに無担保で融資を行うノンバンクは非常に少なくなり，貸付金額の規模も100万〜300万円程度といった具合で，少額対応し

か期待できない状態にあります。

　大きな金額を借りたい場合は，不動産担保や売掛債権担保などの担保提供を行う形での融資を検討する必要があります。

●ノンバンクのメリット・デメリット

　提供できる担保があるのにノンバンク？　とお思いの方もいらっしゃるでしょう。もちろん，その通りですが，銀行では対応できない癖のある案件にも高度なノウハウと柔軟な考え方で対応してくれるのはノンバンクです。

　ノンバンクには，銀行マンと比べてざっくばらんな話もしやすく，専門分野においては高度なノウハウと知識も持つ優秀な営業マンもいます。

　ただ，やはり金利が高めですので大きな金額を長期間にわたって借りることは避けるべきであり，なるべく少額，なるべく短期を鉄則とし，ワンポイントリリーフ的な活用が有効でしょう。

Q36　最適な金融機関はどう選ぶ？

　中小企業にとって融資取引をする金融機関の選択は，非常に大事なテーマです。起業して間もなくの時期や初めて融資を受けてから間もない時期は，最初の融資取引をした銀行や日本政策金融公庫とお付き合いしている状態だと思いますが，順調に事業が発展してくると，資金需要も増し，そこへ他の銀行の営業マンが融資の提案に来ることがあります。

　新たに営業に来た銀行と取引をしてしまっては，もともと付き合っている銀行に失礼になるのではないかと考える社長も一定数います。しかし，積極的に複数行と取引すべきです。それにより，銀行にとっても自行以外からも支援可能という安心感がありますし，企業にとってもリスクヘッジになります。

　取引銀行の選択は，さまざまな視点から検討する必要がありますが，自社の売上規模を1つの判断基準にするとよいでしょう。

❶　年商3億円未満

　年商3億円未満の会社の多くは，日本政策金融公庫（国民生活事業）や地方銀行・信用金庫とお付き合いしているケースが多く，取引銀行数は2〜3行程度でしょう。

　このくらいの売上規模でメガバンクを中心に取引をしている会社もありますが，はっきりいってミスマッチです。地域金融機関である地方銀行や信用金庫，信用組合との信頼関係作りを意識すべきです。

　このくらいの規模の会社があまり多くの銀行と付き合うと，管理が煩雑となってしまうというデメリットもあるので，2〜3行程度と深くお付き合いするほうがよいでしょう。

　メインバンクに地方銀行，信用金庫のどちらを選択すべきかという点については，この売上規模であれば，借入額も多くないので，取引金融機関の規模が影響することは少ないといえます。ただ，今後のことを考えて，財務基盤のよい金融機関を選択するように心がけるとよいです。また，より大きな売上規模の会社を目指すのであれば，将来をイメージして地域金融機関の中でも規模の大きい第一地方銀行との関係構築をしていくとよいでしょう。

❷　年商3億円以上10億円未満

　年商3億円以上10億円未満の会社の取引銀行数は3〜5行程度でしょう。特に年商5億円を超える規模になってきたら明確に融資取引バランスを考えるべきです。メインバンクとサブバンクを明確にし，メインバンクである金融機関がはっきりとメインであることを認識して金融支援をしてくれるように付き合いを進めるべきです。

　第二地銀や信金をメインバンクとして付き合っている場合は，第一地銀（複数ある場合は代表格の銀行）との付き合いをもっと深めていくことを考えるべきタイミングです。

　年商が5億円を超えると，平均月商は4,000万円を超えます。これだけの売上規模になると1回の銀行に申し込む運転資金も平均月商の1〜1.5ヶ月分に相当する4,000〜6,000万円になるなど，1回あたりの融資額や借入の残高も増えてきます。そうすると，規模の小さい第二地銀や信金，信組では対応できないケースも出てくる可能性があります。

　さらなる成長を目指す会社であれば，その地域で一番大きな第一地銀との付き合いを深めていくのがセオリーです。また，政府系金融機関においては，日本政策金融公庫の国民生活事業よりも大きい中小企業事業との付き合いや商工中金との付き合いも検討するとよいでしょう。

　売上が大きくなり順調に黒字推移していると，メガバンクが地方銀行や信用金庫が提案できないような低い金利で積極的に営業を仕掛けてくることがあります。そこで安易に低い金利に乗せられてメガバンクに融資取引を集中しすぎてしまうと，万が一の時には非常にドライに対応されてしまうことと，関係を希薄にしてしまったことで地方銀行や信用金庫からの支援を受けにくくなってしまうというケースがあります。このくらいの規模の会社は，やはり地元の金融機関を中心に付き合いを深め，必要に応じてメガバンクとも付き合うといったスタンスがベターです。

❸　年商10億円以上

　年商が10億円以上の規模になると取引銀行数も増え，5行以上との付き合いになっている会社も多くあります。

　年商10億円を超えてくると，平均月商は8,000万円以上になってきます。1回の融資申込み金額も月商の1〜1.5ヶ月分に相当する8,000万円〜1億2,000万円になるでしょう。したがって，この規模の会社のポイントは，いかにして無

担保プロパー融資を受けられるかです。

　信用保証協会の無担保保証枠は8,000万円，特別枠を含めても1億6,000万円です。年商が10億円を超えると既存融資の残高は平均月商の3ヶ月分に相当する2億5,000万円を超え，信用保証協会の無担保保証枠だけでは間に合いません。

　このように売上規模が大きくなり，借入額も多くなる場合には，それに見合う担保がないと信用保証協会の無担保保証枠だけでは足らないため，無担保プロパー融資の必要性が増します。

　また，1回あたりの融資額が大きくなると金融機関の規模も大きくしていかなければ対応できないケースも出てきますので，メガバンクとの取引についても検討していくべきでしょう。

Q37　新規の取引はどう始める？

　新たに融資取引を開始する銀行へのアプローチ方法としては，どのような方法があるでしょう。

　普通に考えれば，取引を開始したい銀行へ訪問し融資窓口に相談に行くという方法が一般的に思えます。いわゆる，飛び込みで融資を申し込むという行動です。

　また，知り合いの経営者や顧問税理士に紹介してもらうという方法も多いかもしれません。逆に銀行から営業されるということもあります。以上から，一般的には「飛び込み」「紹介」「銀行からの営業」が考えられます。取引をスムーズに開始するためには，どのようなアプローチがよいでしょう。以下，それぞれの方法について解説していきます。

❶　飛び込み

まず，飛び込みで融資を申し込む方法は，一番スムーズではない方法です。絶対ダメだというわけではないですが，できれば，別の方法でアプローチをしたいところです（創業融資の場合は，飛び込みで行くことは，当然の行動だとして受け入れてくれる傾向にあります。ここでお伝えするのは，創業後数年経っている状態における新規アプローチに関する話です）。

なぜ，飛び込みがよくないのか。それは，銀行がとても疑い深い性分だからです。基本的な考え方のベースは，「人間性悪説」です。

突然，社長が窓口にやってくると，銀行員は警戒します。通常のビジネスの営業マンであれば，新規のお客さんがやって来ればテンション高く対応してくれるものですが，銀行員はそうではありません。

「突然，窓口にやってくるなんて，これまで取引していた銀行になぜ相談しないのだろう。何か問題があって断られて，困ってやって来たのではないだろうか」と警戒心を持ちます。

どうしても，飛び込みで行かざるを得ない場合は，例えば，会社案内，商品・サービス案内，決算書，試算表，資金繰り表などを持参して信頼を得られるようにすべきです。

❷　紹介

知人の経営者や顧問税理士等による紹介をきっかけにすることは，有効です。安心感がありますので，飛び込みに比べ，最初のハードルは低くなり，和やかなムードで話を進めることができます。

ただし，紹介者の選択を誤らないようにする必要があります。紹介する者の信用度が大きく影響するからです。例えば，経営状況の悪い会社の経営者からの紹介であると，かえってマイナスかもしれません。また，普段の素行や評判の悪い経営者からの紹介も要注意です。「類は友を呼ぶ」ということわざの通

り，同じような性分の会社ではないかと思われて，警戒心を高めてしまう結果となりかねません。

❸　銀行からの営業

　最も円滑に取引をはじめられるのは，向こうからアプローチしてもらうことです。

　銀行の営業マンも常に新規取引先を開拓していますが，近所の会社に対して無作為に営業しているわけではありません。なので，ただ待っているだけでは，いつまでも営業に来てくれないかもしれません。そこで，向こうから来てもらえるように仕向けます。仕向ける方法として，「預金口座の開設」と「預金口座を動かす」そして「帝国データバンク」という3つがあります。

●預金口座の開設

　預金口座を開設すると銀行マンは営業に来てくれるでしょうか？　そんなことはありません。

　では，どうするか。まず，預金口座を作るには，口座開設の審査を経なければなりませんが，その際に，口座開設の窓口の行員に，あえて会社案内や商品・サービス案内を渡し，さらに決算書も渡します。

　通常，口座開設を行うだけなのに決算書まで提出する会社は少ないですが，あえて渡すことで，その窓口の行員から営業担当の行員にその決算書や会社案内がわたります。資料を受け取った営業マンはその資料を見て，興味を持てばその会社に対して営業に来てくれるでしょう。

　口座開設という手続の際にあえて会社の情報開示を行うこの方法は，元銀行員の多くが有効といっています。

●預金口座を動かす

　口座開設時のアピールで営業マンが来ない場合もあるでしょう。次の手は，

「預金口座を動かす」という王道の方法です。

　口座を動かすとは、「売上の入金口座にする」「給与の振込み口座にする」「経費支払いの振込みを行う」「公共料金等の引落し口座とする」などです。

　銀行マンは、支店の預金口座の動きをチェックして、まだ融資取引のないところで、業況がよさそうな会社はないかと口座の動きを見ます。その際、銀行口座がどのような動きをしている会社が業況がよさそうに見られるでしょうか？　それは、入出金の動きが大きく、かつ活発な会社です。

　商取引をしていれば、売上入金や仕入れや外注費などの支払いがあります。ビジネスがうまくいっていれば、取引数は自然と多くなり、口座の動きは活発となります。そして、取引規模が大きければその動きは大きくなります。

　つまり、いくつかある取引先のうち数社の売上金の入金口座を新たな銀行口座に指定し、支払いもその口座から行うことで、ある程度の規模の入出金が定期的に発生する状態を作れば、いい方は悪いですが「営業マンを釣る」ことができるでしょう。

　ただし、全てを新規の口座に移してしまっては、既存の銀行との付き合いがおろそかになってしまいますので、バランスよく配分することが重要です。

●帝国データバンク

　銀行にもよるかもしれませんが、私の知る銀行のほとんどは、定期的に各支店にその地域にある企業の帝国データバンクの情報が配られます。そして銀行の営業マンは、その資料を新規取引先の開拓に活用しています。

　帝国データバンクの資料には、帝国データバンクの独自の調査に基づいた評点が付けられています。その評点は、決算書からの数字（定量）と、社長等から聞いた話など（定性）を考慮して付けられます。評点のイメージは、学生の時に付けられた偏差値のようなものであり、51点を境に、上であればあるほどよい会社、下であればあるほどよくない会社になります。

　銀行の営業マンは、その時の営業成績などの状況にもよるようですが、例えば、主に51点以上の会社を営業先として位置付け、50点以下の会社には、基本

的には営業に行かないなどのルールがあるようです。したがって，営業に来てもらうためには，評点がより高くなるように努力する必要があります。

　評点を高くするには，財務内容をよくすることが何よりも重要です。決算状況が大きく点数を左右しますので，普段からの経営努力が何よりも重要であることはいうまでもありませんが，評点を高くする少しばかりのテクニックがあります。

　それは，決算書等の情報開示を積極的にすることです。決算書を開示するだけで，数点の加点がされます。そして，帝国データバンクの調査に対しては，できれば電話やFAXですますのではなく，会社に来てもらって社内を見てもらったり，社長自ら今後の展望なども積極的に話します。そうすることで，決算書などの数字に表れない部分の定性評価にプラスに働きます。

　私は，顧問先には，社長自ら対応して，きちんと説明することをすすめています。場合によっては，私が同席することもありますが，基本的には社長自らが説明できることが重要です。コンサルタントや顧問税理士が同席することで，「社長１人で自社の説明ができないのか」とかえって経営者としての資質に疑問を持たれてしまうケースもあるからです。

　帝国データバンクの評点は，銀行取引上も重要ですが，取引先からの与信調査にも大きな影響があります。評価が低いと取引条件の悪化を招くなど，死活問題に発展することもあるので，安易に考えずに慎重に対応すべきでしょう。

　ところで，評点以前の話として，この評点が付くためには，帝国データバンクから調査をされていなければなりません。調査がされていないのに評点が付くことはありません。調査が来ていない会社は，評点どころか，データベースにも登録されていません。当然，銀行マンも営業に来ません。

　帝国データバンクに登録されるためには調査に来てもらう必要があります。ただ，帝国データバンクに「うちの会社調査してよ」といっても来てくれません。どこかの会社が，その会社の調査依頼をしないと始まりません。通常，銀

行や仕入先などの取引会社が帝国データバンクに調査依頼を行うことによって，はじめて調査され，情報が載ります。

いつまで待っても調査が来ない場合，知り合いの会社に頼んで会社の調査依頼をしてもらうことも1つの手です（調査依頼には費用がかかります）。

Q38 銀行はどうやって融資判断する？

融資の申込みにおいて，銀行がチェックしたいポイントは，ある程度決まっています。そこを押さえてはっきりと銀行の担当者に伝えて融資を申し込むことにより，担当者は融資の稟議書が書きやすくなります。すると，融資申込みや取り扱いの判断スピードは，確実にはやくなります。

ポイントは，「①必要金額（融資を申し込む金額）」「②資金使途（資金の使い道）」「③返済財源（返済するための財源）」「④保全（万が一の担保や保証）」「⑤返済期間（返済する期間）」「⑥金利（利息の利率）」の6つです。

❶ 必要金額

融資を申し込む金額です。「借りられるだけ申し込みたい」や「いくらまでなら借りられるか？」という方がいますが，こういう考え方は通用しません。銀行側からぜひ借りてほしいと言われて借りる場合ならあり得るかもしれませんが，通常は銀行の担当者にそういう質問をしても，まず相手にされません。

金融機関から融資を受けようと考える場合，「△△を購入するために資金が必要だけど○○円足りないな。じゃあ，足りない○○円を金融機関に融資してもらおう」という流れがあるべき姿の流れです。

そういう意味で，次に説明する「資金使途」が重要になってくるのです。し

たがって，はっきりと必要金額を考えるのであれば，事業計画がないと金額を見積もれないということになるはずです。

❷　資金使途

　融資申込みの際には，金融機関から必ず「資金使途」を聞かれます。「資金使途」とは，つまり融資の使いみちであり，非常に重要な要素です。

　資金使途は，「運転資金」と「設備資金」の大きく２つに分けられます。

　運転資金とは，材料の仕入代や従業員の給料，諸経費など，いわゆる会社を運営するために必要となる資金です。

　設備資金とは，事務所や店舗などの建物やその内装設備，機械設備，自動車，パソコンなどを購入するための資金です。

　設備資金の使途を示すことは比較的簡単です。購入する設備の見積書やカタログなど，その設備の価格がわかる資料を提示して示します。

　一方，運転資金の場合は，基本的に事業運営に必要なさまざまな出費に充てるので，使いみちがはっきりしない場合が多いですが，人件費であれば，１ヶ月あたりの人件費がいくらでその何ヶ月分が必要なのかを説明する資料（給与明細等），仕入れや外注費であればどこにいくら払うのかがわかる資料（見積書，請求書，契約書等）を示すと効果的です。

　その昔は，運転資金であれば資金使途が不明でもなんとなく融資が受けられることも多かったので，業歴の長い社長さんは，「運転資金なら資金使途が自由」というようなイメージを持たれている方も多く，資金使途を説明するための資料を作ることを面倒くさがる社長もいますが，今は資金使途が不明確だと融資は受けられないときちんと説明しましょう。

❸　返済財源

　返済財源とは，その名の通り融資を返済するための財源のことです。

　通常は，短期融資の場合は売上入金額であり，長期融資の場合は，キャッシュフロー（経常利益＋減価償却費−法人税等）です。

　現実と大きく違う計画書を作成することはいけませんが，特に長期融資を受ける際の損益計画書では，売上から仕入原価，経費などを差し引いた経常利益からさらに税金を払った上で残った金額にキャッシュアウトの伴わない減価償却費をプラスした金額が返済金額を上回っているかどうかです。

　さらに，資金繰り予定表を提出する際は借入金の返済ができる資金繰りになっていなければ，銀行は返済できる見込みがないとして，その会社に融資をすることは危険と判断します。

❹　保全

　保全とは，「担保」や「保証人」のことです。万が一，返済ができなくなった際にどうするのかという銀行のリスクヘッジです。具体的には，連帯保証人を付けたり，土地や建物に抵当権や根抵当権を設定します。

　そうすることで，万が一，融資を受けた会社の財務状況が悪化し，返済不能な状態に陥っても土地や建物を売却し，売却金から返済に充てたり，保証人に代わりに返してもらったりできるのです。

　現時点の中小企業融資においては，経営者保証（社長による連帯保証）を求められることが多いですが，前述の通り経営者保証を付けない融資が推進されています。「経営者保証に関するガイドライン」に示された3要素をある程度クリアすることが重要です。

　また，信用保証協会や保証会社による保証も保全の1つです。

　担保については，不動産に限らず，預金や売掛金，在庫なども担保となります。政府は保証人や不動産担保に依存しない融資を推進しており，金融機関においても担保の多様化が進んでいます。

　「無担保プロパー融資」とは，信用保証協会による保証も担保もない状態で経営者保証以外の保全がなく，融資先企業の信用のみで融資をするということ

ですので，銀行にとっては非常にリスクの高い貸し出しになります。こう考えれば，無担保プロパー融資のハードルが高い理由がわかります。

❺ 返済期間

　返済期間とは，その名の通り返済するスパンのことです。1年以内の借入期間の融資を短期融資，借入期間が1年を超えるものを長期融資といいます。

　一般的に，運転資金の場合は3〜7年以内，設備資金の場合は，機械や土地，建物などの対象物によってケースバイケースですが，5〜15年以内がおおよその目安です。

　財務内容がよい企業などでは，交渉次第で希望の期間に近づけることもできますが，それは多くの場合，プロパー融資での取り組みです。制度融資の場合は期間が予め設定されていますので設定された範囲を超えて交渉することはできません。

❻ 金利

　金融機関にとっては，融資の期間によってリスクが変動しますので借入期間によって金利も変わります。期間が長いほうが金利は高く，期間が短いほうが金利は低くなります。

　金利を取るか期間を取るかは，その会社の資金繰り状況にもよります。毎月の返済を少なくしてより安定的な資金繰りをしたい場合は長めに，資金繰り状態に懸念がなく，利息負担を少なくしたい場合は，短めに設定します。

　多くの中小企業は，資金繰りに全く懸念がないというケースは少ないかと思います。よほど借入額が巨額ではない限り，利息負担を重視するよりも期間を長めにして月々の返済額を少なくして資金繰りを楽にするほうが経営も安定しやすくなります。

Q39　決算書はどこが見られる？

　ここでは，銀行は決算書のどこを見ているかについて解説します。決算書は，1期分だけではなく，3期分並べてその推移なども確認します。

❶　資産超過か債務超過か

　損益計算書の売上高や利益も気になるところですが，銀行員が決算書を預かって最初に見るところは，何よりも貸借対照表の「純資産合計」です。ここが，プラスなのかマイナスなのか。つまり，プラスであれば「資産超過」，マイナスであれば「債務超過」です。

　債務超過とは，理論上，会社が破綻しているということを意味します。もしその時点で会社を清算して，資産を全部現金化して負債に全部充てたとしても足らずに負債が残ってしまう状況です。決算書を見るポイントはさまざまですが，ここがマイナスですとその融資案件は，厳しいものとなります（それだけで完全に否決となるかといえば，そうではなく，ケースバイケースです）。

❷　実態を把握するためにチェックする項目

　資産超過か債務超過かは非常に重要なポイントですが，純資産がプラスとなっていても安心してはいけません。それは，表面上プラスなだけで，実態としてプラスかどうかは，内容を精査しなければわからないからです。

　銀行は，そのことをよく知っています。決算書の数字通りには受け取りません。その決算書が実態を表しているのか，そうではないのかを見極めます。

　多くの中小企業では，多かれ少なかれ，実態とは違った数字があります。そ

して，その部分は多くの場合，「資産の部」にあるわけですが，実態を確認し修正した結果，プラスであった純資産がマイナスとなる。つまり実態としては債務超過ということが少なくありません。その場合，銀行はその会社を「実質債務超過」の会社として判断し，融資審査においてはやはりマイナスになります。

　それでは，具体的に銀行はどのような部分を確認して，実態把握をしていくかを各項目ごとに解説していきます。

❸　流動資産

●現金・預金

　預金は，通帳を確認すれば一目瞭然なので，実態と違う数字が計上されているケースは非常に稀です。一方，現金は実際の残高と違う数字が計上されているケースを見ることが多くあります。実際の残高がわからないといったほうがよいのかもしれません。管理がずさんで決算日の現金残高が不明で，だいたいこのくらいという感じです。

　現実的にあり得るボリュームが計上されているのであればよいですが，明らかに現金として持つような金額ではない額が計上されていると，当然不信感を買い，決算書の全体的な信用を失いますので，きちんと処理すべきです。

　現実的でない金額が計上されている場合は，資産として評価もされません。

●受取手形・売掛金

　売掛金や受取手形といった売上債権については，売上債権が適正なボリュームかどうか，売上債権回転期間という指標を確認して判断します。

　銀行員は，「御社は売上金が入ってくるのは，何ヶ月後ですか？」と売掛金の回収サイトを社長に聞いたりします。

　当月末締めの翌月末日払いという場合であれば，回収サイトは1ヶ月です。この場合，売掛金の残高は，平均月商の1〜1.5ヶ月分程度の金額が正常です。ところが，3ヶ月や4ヶ月分の金額が決算書に載っていると，「社長の話と違

いますね」となります。売上債権の中に不良債権が含まれているのではないか
とか，水増ししているのではないかと疑うでしょう。

　また，同業他社比較も行ったりします。業界平均よりも長いということは，
売上金を回収するまでに時間がかかるということですので，業界平均より資金
繰りの悪い会社だと銀行から見られることになります。また，その会社の過去
と比べてどうかという「期間比較」もします。前期の数字に対して1ヶ月以上
長くなっていると，銀行は警戒します。

　未回収の売上債権があったり，水増しが行われているわけではなく，特殊事
情や合理的な理由がある場合は，きちんと決算報告の際に説明しましょう。

●棚卸資産

　棚卸資産とは在庫のことですが，これも要チェック項目です。

　在庫が適正なボリュームであるかの判断をする上では，在庫が何ヶ月分のボ
リュームがあるかということを示す棚卸資産回転期間を確認します。在庫とは，
商品，製品，原材料，仕掛品などですが，この中に不良在庫が含まれていない
かどうかがポイントとなります。

　在庫とは，モノを仕入れてから，売れるまで会社の倉庫で眠っている状態の
ことです。その期間が長いということは資金が在庫という形で停滞しているこ
とになりますので，資金繰りを悪くします。

　棚卸資産回転期間が業界平均よりも長いということは，不良在庫が含まれて
いるとか，トレンドが過ぎて売り物にできないが処分できずに残ってしまって
いるなどが考えられます。

　また，利益を出すための粉飾決算の手法として在庫を水増しするケースは多
く，粉飾決算をしてしまったために膿が溜まり，回転期間が長くなっている
ケースもあります。

　こうしたことを銀行はチェックします。銀行員は，各業界の在庫の適正水準
について詳細な感覚を持っているわけではありませんが，社長へのヒアリング
による情報と決算書に表されている数字の差異を見ながら判断しますので，決

算数字と矛盾する内容を説明すると，疑いを深めます。

　棚卸資産回転期間は，短いほうが基本的にはよいですが，あまりにも短いと，逆に在庫が足りていない状態，つまり欠品状態にあり，せっかくの販売チャンスを逃すという機会ロスに繋がりますので，適正在庫を保持しつつ，資金繰りに影響を与えないように在庫管理を行うことが重要です。

●短期貸付金

　短期貸付金は，銀行から不良資産ではないかと疑われる代表的な資産科目です。

　特に社長や親族役員への貸し付けや，関係会社への貸し付けなどは，帳簿上は貸し付けていることになっていますが，その貸付金が返ってくる見込みはほとんどないというケースが少なくありません。

　決算書を3期分並べて貸付金の残高の推移を見れば，塩漬けになってしまっているかどうかはすぐにわかります。もし，きちんと返済を受けている場合は，説明と補足資料によりきちんと説明すべきです。

　これは，短期貸付金に限らず，固定資産に計上される長期貸付金にも同じことがいえますし，そのほかにも，仮払金，前払費用，前渡金，未収入金，立替金などの勘定科目も数字が目立つほど大きくなると，資産として計上されているものの，実質不良資産ではないかと疑われます。

❹　固定資産

●有形固定資産

　有形固定資産には，土地，建物や建物附属設備，機械装置，車両などがあります。不動産の価値は変動しますので，銀行は含み損がないかどうかを気にします。不動産の評価については，各金融機関によってさまざまですが，96ページにて不動産担保の評価の基礎知識について解説していますので参考にしてください。

　建物や機械装置，車両などは，減価償却費として費用計上しますが，法人税法上，減価償却費の計上が任意とされているので，減価償却費を計上してしまうと赤字になるような場合に減価償却費を計上せずに表面上黒字に見せる会社も少なくありません。

　銀行は，もちろんそれを知っていますので，減価償却がされているかをチェックします。減価償却費を計上していない会社の固定資産の簿価は，計上している場合と差が出ますので，償却不足のある会社の決算書は，実態の数字に修正するために法定償却をした数字に引き直します。

　銀行の審査においては，減価償却をせずに利益が出ているように見せたところで，結果的には実態の数字に引き直されますので意味がありません。

●無形固定資産

　無形固定資産には，特許権などの知的財産権やソフトウェア，営業権などがあります。

　例えば，自社独自のPOSシステムや在庫管理システムなどで自社専用に作られたものの場合は，それをそのまま他社に転売することができませんので，対外的な価値はほとんどありません。

　たとえ，それを購入する時に1,000万円かけたとしても，流通性がないので，結果的に実態として資産価値はないと判断せざるを得ません。流通性があり，明確に価値を示せる場合であれば，資産価値を評価します。

●投資その他の資産

　投資その他の資産には，長期貸付金や差入保証金，長期前払費用，保険積立金，投資有価証券，子会社出資金，関係会社株式などが計上されています。

　資産価値を疑われる代表的な科目は，長期貸付金，投資有価証券，ゴルフ会員権，子会社や関係会社への出資金などです。

　長期貸付金については，短期貸付金の箇所で説明した通りですが，子会社や関係会社があり，貸し付けが行われていたり，出資がされているというケース

はよくあります。

　そのような子会社や関係会社への出資金や貸付金は，単純に子会社や関係会社の赤字補填に使われていることも多く，会社の資金が関係会社に流出してしまっただけで資産価値はないと見られます。

　貸付金であれば短期貸付金のところでお伝えした通り，そのお金がきちんと返済されていることをしっかり説明する必要があります。

　出資であれば配当がされていること，もしくは，その資金によって関係会社の業績が伸びていて株価の算定が可能という状況であれば資産として評価されることもありますが，ほとんどの中小企業では，関係会社への出資金は，資産として評価できないという判断となります。

　投資有価証券やゴルフ会員権などについては，時価に引き直し簿価との乖離を調査します。

　特に上場企業の株は，常に値動きがあり，買った時の値段と現在の値段が違うことがほとんどですが，中小企業の会計処理の現場では，有価証券を毎回時価で評価し直すことはされず，買った時に帳簿につけた値段，つまり「簿価」がそれ以後も変わらず計上されます。しかし銀行は，企業の実態を判断するために，時価を算出して簿価との乖離を調査して，含み損や含み益を確認します。その評価方法は，上場企業の株のように値段がわかるものは，その時の時価で評価します。一般的な中小企業の株の場合は，銀行は基本的にゼロ評価とします。ただし，上場企業ではなくとも，実際に出資に対する配当があるなどの証拠書類を提示できるのであれば，場合によっては評価されることもあります。しかし，上場企業以外の株式は，換金性があることとその価値を説明できない限りは，ほぼゼロ評価と考えてよいでしょう。

　ゴルフ会員権は，相場を調べて価値を評価します。他の資産と同じように流通性のあるものは評価されますが，流通性のないものはほぼゼロ評価です。

　なお，信用金庫への出資金は換金性がありますのでその金額で評価します。

●繰延資産

　繰延資産には，創立費や開業費，試験研究費，開発費，新株発行費，社債発行費などが計上されています。

　科目を見れば想像できる通り，これらは，すでに支払った経費であり，これら自体は回収できるものではないサンク・コストです。これらの投資によって開発された技術などで投資回収を行っていくものです。

　つまりは，本来であれば，これらは費用処理すべきものですが，減価償却と同様の趣旨で資産として計上し，償却という形で費用として処理をすることが会計上のルールとして認められたものです。したがって，繰延資産自体には換金性がなく資産価値を評価することはできません。

　IT会社などで，繰延資産として多額の開発費を計上しているケースを見かけます。

　本来であれば，費用として損益計算書に経費として計上すべき人件費や外注費を「繰延資産の開発費」として資産計上するのです。すると，経費ではなく資産として計上されますので，利益が増える効果があります。

　同じような理由で試験研究費を計上している製造業などもあり，利益を増やして赤字を黒字に見せているケースを見かけますが，この試験研究費に資産価値があるかといえば，あるはずがありません。

❺　流動負債，固定負債

　負債の部に粉飾がされているケースは多くありません。稀に，借入金（銀行融資）をごまかしているケースを見かけますが，銀行取引の観点で言えば，最もやってはいけない粉飾でしょう。

　ひどいケースでは，取引銀行ごとに勘定科目内訳書を変えて提出し，提出先の銀行以外の銀行の借入額を減らして，借入総額を少なく見せているという例もありましたが，愚の骨頂です。そのようなことをしている会社は，早晩銀行にばれてしまい，信用は地に落ち，事業の継続は危ぶまれます。

150

こういうことをしている会社の社長に限って，おっちょこちょいなところがあり，提出してはいけない銀行にうっかり提出してしまって，銀行にばれてしまったなどという耳を疑うような話も実際にあります。

●支払手形や買掛金

前述の売掛金と受取手形のチェックの内容と対になる内容として，仕入債務が適正なボリュームで計上されているかということもチェックポイントになります。その際は，仕入債務回転期間という指標を確認します。これは，支払手形や買掛金などの仕入債務が何ヶ月分あるかということを示す指標です。

前述の売上債権回転期間とは逆で，回転期間が短いということは，仕入債務を支払う期間が短く，資金繰りが忙しいことを意味します。回転期間が長いということは，支払いまでの期限が長いので資金繰りに余裕が出ます。

仕入債務と売上債権と棚卸資産の３つを見ることによって「経常運転資金」を計算できます。銀行にとって正しい実態の経常運転資金の把握は非常に重要です。

●役員借入金

多くの中小企業の社長は，代表取締役であると同時に大株主です。したがって，銀行からも「会社≒社長」と見られていますので，「社長のお金≒会社のお金」「親族役員のお金≒会社のお金」と見ることができます。

そういう見方からすると「役員借入金≒資本金」と判断することもできます。実際，銀行の査定においては，役員借入金が社長からの借り入れや，親族役員からの借り入れで，借入とはいうものの，その実態としては，借りっぱなしになっており，出資に近い状態であれば，それは資本金としてみなせると判断しているケースもあります。

これは，金融庁による「金融検査マニュアル別冊〔中小企業融資編〕」においても，「代表者等の借入金等については，原則として，これらを当該企業の自己資本相当額に加味することができるものとする」としていました。

　つまり，社長や親族役員からの役員借入金を資本金とみなしていいというこ
とです。ただし，「代表者等が返済を要求することが明らかとなっている場合
には，この限りではない」としていますので，あくまでも返済を要求しない場
合に限り資本金として見ることができるということです。

　これは，あくまでも銀行の裁量で役員借入金を資本金と「みなす」わけです
が，はっきりと資本金とするには，社長が役員借入金という債権を現物出資と
して出資し，増資の手続をして正式に資本金とする「DES（デット・エクイ
ティ・スワップ）」の手続を行えば，銀行のみならず対外的にはっきりと資本
金として見せることができます。

　ただし，増資の手続には，登録免許税などの費用がかかりますので，実際に
増資の登記をして資本金としてはっきり見せるか，役員借入金のままにしてお
くかは，会社ごとの状況により判断します。

　また，役員借入金は，多くの場合，短期借入金として計上されています。

　短期借入金とは，1年以内に返済する借入金ですが，役員借入金はその実態
として，借入期間が長期化しており，長期借入金とすべきケースが圧倒的に多
くあります。

　したがって，クライアント企業の実態を確認の上，長期借入金に計上するの
が妥当な場合は，顧問税理士と協議して実態に合わせた処理にしてあげるほう
がよいです。

　これにより流動比率や当座比率，固定長期適合率，固定比率などの財務指標
にも影響があります。短期借入金に計上しておくよりも長期借入金に計上した
ほうが，これらの指標は良化しますので，多少は銀行の審査にもプラスに働き
ます。テクニック的な話でしかありませんが，実態に即した処理をするという
意味でもきちんと判断すべきでしょう。

Q40 信用格付とは？

❶ 金融検査マニュアルとは

　信用格付とは，銀行，信金，信組が行う融資先企業の格付のことです。各金融機関による独自の査定により10～20段階程度で格付を行っています。この信用格付は，例えば上位１～５位が正常先で，６位が要注意先，７位が要管理先……という具合に各金融機関の独自の格付と金融庁の「金融検査マニュアル」で示された債務者区分とリンクしています。したがって，より上位の格付のほうが貸倒引当率が低く，融資を受けやすく，金利も低く設定され，格付が下位になるほど，新規融資は受けづらくなり，金利も高くなるというような関係になります。

　格付をするために行うのが自己査定です。各金融機関は，これまで金融検査マニュアルを判断の拠り所としていたので，金融検査マニュアルを理解しておくと，金融機関の見方について理解することができました。しかし，金融検査マニュアルは，2019年12月18日に廃止となり，各金融機関は資産査定や償却引当て処理について独自の基準を定めることになりました。

　しかし，新しい独自基準を定めることは簡単ではありません。**今でも，金融検査マニュアルの考え方が根底にあります**。各金融機関が独自の基準を確立するのには，しばらく試行錯誤が続くことでしょう。したがって，すでに廃止にはなりましたが，今でも金融機関の判断のベースとなっている金融検査マニュアルが示してきた判断基準を基に本書では解説していきます。

　金融機関が自己査定を行う目的は，銀行の持つ貸付債権を正しく評価し，信用格付に応じて相当の貸倒引当金を計上することで，銀行の経営状態を明確に

することです。したがって，銀行にとって貸付先企業の格付が下がるというこ
とは，相当の貸倒引当金を積む必要が発生し，銀行自身の財務内容の悪化に繋
がります。そのため，貸付先企業には1社でも多くよりよい格付にいてもらっ
たほうがよく，このような理由から銀行は信用格付を気にするのです。

❷　債務者区分

　信用格付は1〜10ランクや1〜20ランクなど各金融機関によってさまざまで
すが，リンクしている金融検査マニュアルで示された債務者区分は，正常先，
要注意先，破綻懸念先，実質破綻先，破綻先の5段階に分かれています。この
内の要注意先は，その中で上位が要注意先，下位が要管理先とさらに2つに分
かれており，実質的には，正常先，要注意先，要管理先，破綻懸念先，実質破
綻先，破綻先があります。

図表6-1　**債務者区分の定義**

債務者区分		定　　　義
正常先		業況が良好であり，かつ，財務内容に特段問題がない債務者
要注意先		今後の管理に注意を要する債務者 ・金利減免・金利支払い猶予を行っている等，貸出条件に問題のある債務者 ・元本返済もしくは，利息支払いが事実上延滞している等，履行状況に問題のある債務者 ・業況が低調ないしは不安定な債務者または，財務内容に問題のある債務者
	要注意先	要注意先のうち，要管理先以外の債務者
	要管理先	要注意先のうち，全部または一部が「要管理債権」である債務者 ※要管理債権とは，要注意先に対する債権のうち「3ヶ月以上延滞債権」および「貸出条件緩和債権」を言います。

破綻懸念先	今後経営破綻に陥る可能性が大きいと認められる債務者 ・経営破綻の状況にはないが，経営難の状態にあり，経営改善計画等の進捗状況が芳しくない債務者
実質破綻先	実質的に経営破綻に陥っている債務者 ・法的・形式的な経営破綻の事実は発生していないが，深刻な経営難の状態にあり再建の見通しがない債務者
破綻先	法的・形式的な破綻の事実が発生している債務者 ・会社更生・民事再生・破産・特別清算は，申立て時 ・銀行取引停止処分は決定時

❸ 債務者区分の判定

　以下に各債務者区分の判定方法と自己査定における貸倒引当率の決定までの大まかな流れを解説します。その内容は，各金融機関により若干異なります。ここに記載する内容は，あくまでも，おおよそのイメージとして捉えてください。

　まず，図表6-2のように一次評価として定量評価（数字的な分析による評

図表6-2　債務者区分判定のイメージ

定量評価(一次評価)		定性評価(二次評価)	実態評価(三次評価)	最終判定	開示判定
与信	財務	定性要素	実態要素		
延滞の有無および期間 破綻	決算書を精査し，安全性，収益性，成長性，債務償還能力について評価	市場動向，景気感応度，市場規模，競合状態，業歴，経営者の資質，営業基盤，競争力などを評価 定量評価の補完的要素	システムでは評価できない実態を評価 代表者や株主の個人的資産背景など，潜在返済力を評価 ※全先に対してするものではない	正常先 要注意先 破綻懸念先 実質破綻先 破綻先	正常先 要注意先 要管理先 破綻懸念先 実質破綻先 破綻先

価）と二次評価として定性評価（数字に表れない部分の評価）を行います。さらに，個別に判断する必要がある融資先については，三次評価として実態評価を行うこともあります。

　特に重要なのは，一次評価の定量評価であり，定性評価は定量評価の補完的な側面が強いといえます。

　債務者区分を表現する場合は，一般的には，図表6-2の「開示判定」における正常先，要注意先，要管理先，破綻懸念先，実質破綻先，破綻先の6段階で表現します。

❹　債権分類

　債権は，債務者の持つ個別債権の保全状況によりⅠ分類，Ⅱ分類，Ⅲ分類，Ⅳ分類の4つに分類されます。詳細の分類については，図表6-3のマトリックスをご覧ください。

図表6-3　債権分類のイメージ

債務者区分	保全等による分類基準					
	決済確実な割引手形，短期資金	正常な運転資金	優良担保優良保証	一般担保一般保証	処分可能見込み額との差額	信用部分
正常先	Ⅰ分類					
要注意先	Ⅰ分類			Ⅱ分類		
破綻懸念先	Ⅰ分類			Ⅱ分類	Ⅲ分類	
実質破綻先	Ⅰ分類			Ⅱ分類	Ⅲ分類	Ⅳ分類
破綻先	Ⅰ分類			Ⅱ分類	Ⅲ分類	Ⅳ分類

　正常先に対する貸出債権であれば，有担保，無担保に限らず，Ⅰ分類となり，要注意先以下は，それぞれの債権の保全状況等により，その分類が異なります。

　「正常な運転資金」については，債務者区分が破綻懸念先，実質破綻先および破綻先に対する運転資金は，自己査定上は「正常な運転資金」として取り扱わないとされ，要注意先に対する運転資金も，自己査定上は全ての要注意先に対して正常な運転資金が認められるものではなく，債務者の状況等により個別に判断する必要があることに留意する，とされています。

　また，各保全のうち，「優良担保」とは，国債や預金担保，上場株式などを指します。不動産担保は，十分に保全されていても優良担保とは見ず，「一般担保」として取り扱われます。「優良保証」とは，信用保証協会による保証等がそうです。民間の保証会社による保証の場合，その保証会社が上場有配企業で十分な保証能力があるとされれば，「優良保証」となりますが，それ以外の保証会社や個人による保証は，「一般保証」として取り扱われます。「処分可能見込み額との差額」とは，担保割れとなっている債権を指します。「信用部分」とは，担保や保証人による保全の効いていない債権を指します。

❺　債権分類と貸倒引当金

　各個別債権をⅠ分類，Ⅱ分類，Ⅲ分類，Ⅳ分類に分類した上で，それぞれの貸倒引当金を見積もることになります。

　図表6-4に，そのイメージをまとめました。参考にして頂ければと思います（貸倒引当率はイメージです。各金融機関により異なります）。

　上記のように，正常先，要注意先に対する引当ては，「一般貸倒引当金」とし，貸付残高の合計額に対して貸倒引当率を乗じて引当額を算出します。一方，破綻懸念先，実質破綻先，破綻先についての引当ては，「個別貸倒引当金」とし，Ⅰ〜Ⅳに分類されたそれぞれの債権に対して個別に引当率を乗ずることとなります。具体的には，Ⅰ分類，Ⅱ分類の債権については，引当てをせず，Ⅲ分類，Ⅳ分類の債権に対して，個別にそれぞれの貸倒引当率を乗じて引当額を

図表6-4　債権分類と貸倒引当率の関係のイメージ

債務者区分	Ⅰ分類	Ⅱ分類	Ⅲ分類	Ⅳ分類
正常先	一般貸倒引当金 貸倒引当率：0.2%程度			
要注意先	一般貸倒引当金 【要注意債権】 貸倒引当率：5％程度 【要管理債権】 貸倒引当率：15％程度			
破綻懸念先	引当てナシ		個別貸倒引当金 貸倒引当率：75％程度	
実質破綻先			個別貸倒引当金 貸倒引当率：100％程度	
破綻先				

計上することになります。

　この取り扱いについては，銀行の支店長や融資審査を経験している方などでないと，非常にわかりにくい部分です。「なぜ，破綻懸念先以下の債務者のⅠ分類，Ⅱ分類の部分は引当てをしないのか？」という疑問が出てくるでしょう。

　これについて，わかりやすく表現すると，「正常先」「要注意先」は，現在はもちろん，これからも継続して事業を行っていきますので，あくまでも将来の貸倒れリスクに対する予測の引当金です。ですから，将来の動向を読み切ることができない以上，全債権に対して引当金を計上します。

　一方，「破綻懸念先」「実質破綻先」は，近い将来破綻する可能性が高く，「破綻先」は，すでに破綻しています。つまり，「正常先」「要注意先」に対する貸倒引当金の計算は「予測」でしたが，破綻懸念先以下においては，「実損」ベースで考慮することになります。したがって，「破綻懸念先」「実質破綻先」「破綻先」に対する貸倒引当金は，回収できない可能性の高い部分について計上すればよく，回収が確実な部分については計上する必要はありません。

　このように，金融機関は非常に細かく各債権を分類して管理しています。営業担当レベルの行員では詳細について知る人は限られるでしょう。支店長や融

資審査を経験した行員でないと，十分に理解しているとはいえないのではないでしょうか。

我々，支援者は，この部分の理解を深めることで，銀行と対等に話をすることができるようになり，クライアント企業にとっては非常に心強い存在になることができます。

❻　6つの分類のまとめ

正常先，要注意先，要管理先，破綻懸念先，実質破綻先，破綻先について次に簡単にまとめますので参考にしてみてください。なお，文中の貸倒引当率は，参考イメージであり，各金融機関により異なります。

●正常先

正常先とは，業績が良好であり，財務内容も特段の問題がない貸付先企業です。貸倒引当率は0.2％程度で，銀行にとってほとんど貸倒引当金を積まなくてよい歓迎するべき企業です。正常先に格付けされている企業は，通常に融資が受けられる状態です。

なお，各金融機関によって，正常先をさらにＡ1〜3，Ｂ1〜3，Ｃ1〜3などのように細分化して，それに応じて金利等の融資条件が変わります。

●要注意先

要注意先とは，金利減免や棚上げを行っているなど貸出条件に問題のある債務者や元金または利息金の支払いが事実上延滞しているなど履行状況に問題がある債務者や業況が低迷していたり，不安定な状況，財務内容に問題がある債務者などを指します。貸倒引当率は5％程度です。

融資を実行することは可能だが，無担保で貸せるかどうか判断が分かれる状況の企業です。正常先よりも金利は若干高めとなります。

銀行から新規融資を受けるためには，最低でも要注意先になっていないと融

資を受けられる可能性は非常に低くなります。要注意先と要管理先では銀行融資という観点から見ると雲泥の差があるといってよいでしょう。

●要管理先

　要注意先のうち元金または利息金の支払いが3ヶ月以上延滞している債務者や貸出条件が緩和（リスケなど）されている債務者を指します。貸倒引当率は15％程度となります。

　この区分に格付けされた場合，ほぼ新規融資は見込めません。ただし，担保がある場合は，担保評価以内の融資や，既存の融資を折り返しで借りるというような，貸付残高が増えない範囲の融資であれば，状況によって可能性があります。

●破綻懸念先

　破綻懸念先とは，現状事業を続けており，経営が破綻しているわけではないが，経営難の状態で，経営改善計画の進捗状況が悪く，借入金の返済も延滞が続いており，今後において，経営破綻に陥る可能性が大きいと思われる債務者を指します。貸倒引当率は75％程度となります。

　ここから貸倒引当率がとたんに大きくなりますが，前述の通り，破綻懸念先以下においては，「実損」ベースで考慮することになります。

　したがって，例えば正常先であるA社に対する融資残高が3億円ある場合は，その正常債権3億円に対しての0.2％を引当てし，60万円を貸倒引当金として計上します。要注意先も要管理先も同じ考え方です。

　一方，破綻懸念先以下は，図表6-4の通りであり，例えば，破綻懸念先となっている企業へ1億円の貸付残高がある場合で，そのうち7,000万円については，信用保証協会が100％保証してくれていて，残りの3,000万円については，保全が効いていない場合は，その3,000万円に対して75％を引き当てるということです。この場合の貸倒引当金は2,250万円になります。

160

●実質破綻先

実質破綻先とは，法的・形式的な経営破綻という状況にはなっていないものの，深刻な経営難の状態にあり，元金または利息も長期間にわたり延滞しており，再建の見通しがない状況にあるなど，実質的に経営破綻に陥っている債務者をいいます。

噛み砕いていえば，開店休業中状態の会社やほとんど売上が立たない状況で，客観的に見て，はっきりと破綻している（法的手続に入っている等）とは言えないだけであり，実質的には破綻している状態の企業です。

貸倒引当率は100％になります。銀行は，融資の返済は実現されないとみなし，保全の効いていない貸付債権は，100％貸し倒れると見ます。

●破綻先

破綻先とは，法的・形式的な破綻の事実が発生している債務者をいいます。破綻していますので，当然に貸倒引当率は100％になります。

法的な破綻の事実とは，会社更生・民事再生・破産・特別清算の申立てが行われている状態です。形式的な破綻とは，不渡りによる銀行取引停止処分となった状態です。

Q41 事業性評価とは？

事業性評価とは，銀行が融資の判断をする際に，財務内容（決算内容）や担保や保証に過度に依存しないで，その会社の事業の内容，強み・弱み，業界の状況等を的確に捉えて，その**会社の将来性を評価して融資の判断をするもの**です。

バブル崩壊後の銀行の融資判断は，過去の決算内容から判断する定量評価が

中心で，担保や保証に依存したものでした。それを反省し「事業性評価をして融資をしましょう」と，2014年に金融庁から「平成26事務年度　金融モニタリング基本方針」が公表されました。その中で「事業性評価に基づく融資」が重点施策として初めて示されています。

　しかし，こうした考えは，以前から金融機関の課題として存在し，それ以前には**「リレーションシップバンキング」**という言葉がありました。

　リレーションシップバンキングとは，金融機関が顧客との間で親密な関係を長く維持することにより顧客に関する情報を蓄積し，その情報を基に貸し出し等の金融サービスの提供を行うことで展開するビジネスモデルを指します。

　つまり，リレーションシップバンキングも事業性評価も「決算書を見ただけではわからない点をしっかり見て金融支援しましょう」ということです。同じようなことがいわれていたのです。

　ただ，2014年からいわれだした事業性評価もすでに数年が経過していますが，融資の現場で行われているかというと，なかなか簡単ではありません。

　本来銀行がやっていて当然のことだともいえますが，現実的には現場の銀行員は，取引先企業の1社1社の事業性評価に取り組むほど余裕がありません。営業マン1人が抱えている担当先も何十社，場合によっては100社以上もありますので，**すべての取引先を細かく把握するなどとても無理**です。

　しかし，中小企業側からすれば，取引銀行に自社の事業性評価を的確にしてもらうことができれば，銀行取引は非常にスムーズになります。実際，私の顧問先には毎月担当者と支店長が打ち合わせをしている会社がありますが，とてもよく事業を理解して頂き，必要な融資を必要なタイミングで受けることができています。こうした関係をぜひとも作るべきですが，**銀行任せでは実現は難しい**といえます。

　銀行員はとても忙しいので，自ら1社1社の情報を収集することはできません。そこで，中小企業が絶対的にやるべきなのは，**中小企業側から積極的に情報開示すること**です。

　タイムリーな試算表の提出，資金繰り表の提出をして現在の業況や最近の業界動向などを積極的にシェアしていくことは事業性評価の達成に効果的です。

　こうした取り組みをしている会社は極めて少ないですが，だからこそ，やっている会社はいざという時に強いのです。

　こうした話を社長にすると，簡単にできる裏技的な方法を求める方もいらっしゃいますが，裏技はありません。普段からの取り組みがすべてです。

Q42　融資を受けた後に やってはいけないこととは？

　融資を受けた後に絶対にしてはいけないこと3つをお伝えします。このNG行為をしてしまうと，場合によっては，貸した融資の一括弁済の請求を受けたり，その後の融資が受けられなくなるということになりかねませんので，十分に気を付けてください。

❶　資金使途違反

　資金使途違反とは，融資を受ける時に伝えた使いみちと違う使い方をすることです。例えば設備の購入のために設備資金で借りたのに運転資金に使ってしまうというものです。具体的には，飲食店が冷蔵庫の入れ替えで100万円の融資を受けたのに，新しい冷蔵庫を買わずに，運転資金として使ってしまったというようなイメージです。

　実際によくあるケースとしては，本当は100万円で買えるのに150万円の見積もりをもらって，50万円多く借りて，100万円で冷蔵庫を購入し，差分の50万円を運転資金として使うということがあります。

　これも，設備資金として借りているものを運転資金に流用することになるの

で，資金使途違反です。

　銀行取引の中では重罪であり，それが見つかってしまうと，全額一括弁済の要求を受けたり，それが解決するまでは次の融資は受けられないということになってしまいます。

　信用保証協会の保証付き融資ですと，信用保証協会はそれが解決するまで一切新規の保証はしてくれませんし，もし，銀行がそれを知っていながら融資したということになると，信用保証協会の代位弁済の免責事由となり，万が一の時にも銀行は保証してもらえないため，銀行にとっても重大な問題です。

　ケースによっては，その行員の責任問題となり，降格になることもあるようです。そのくらい大きな問題ですので，ぜひ気を付けてください。

❷　個人や関連会社への資金流出

　資金使途違反の1つだともいえますが，先ほどの例とは若干色合いが違うので別にお伝えします。

　「個人や関連会社への資金流出」とは，借りた融資を社長個人のポケットマネーに流したり，子会社などの関連会社へ貸付をするなどです。

　そもそも融資のお金でなくても会社の資金が社長個人や関連会社に流出することは銀行や保証協会はとても嫌がります。そういうことをすると貸借対照表の「貸付金」という科目に現れることが多くあります。金融機関や信用保証協会は貸付金という科目が大嫌いですので，ぜひ覚えておいてください。

　そもそも，会社の資金が社長や関連会社へ流れることを非常に嫌うのに，自分が貸した，もしくは保証している資金がそういう使いみちにされるというのは，許されないことです。もし発覚したら，当然，今後の融資取引には大きな悪影響を及ぼすことになります。

❸　延滞

　「当たり前だ」と思った方が多いと思います。しかし，実際には結構簡単に考えてしまっている方もいらっしゃいます。特に売上入金があるなど普段から使っている口座ではない口座から返済している場合，返済のために資金移動をしなければなりませんが，それをうっかり忘れてしまって返済が遅れるという低レベルな延滞もあります。これは，絶対にしてはいけません。これが何回も続くようだと致命的に信用を失います。

　うっかりミスではなく，リアルに資金繰りが厳しくて返済が遅れてしまうということもあります。もちろん，これは大問題なのですが，中には，自社のお金の流れを意識せずに返済日を決めてしまったために一番お金がない時期に返済日が来てしまって返済が大変だという会社もあります。自社の主な入金日，出金日をきちんと整理して，無理なく返済できるタイミングを返済日にすることが大事です。

　銀行融資の返済の延滞には，「月中の延滞」と「月越えの延滞」という2種類があります。あまり知られていないかもしれませんが，実はとても重要なポイントになります。

　月中の延滞とは，延滞してしまったけれど，その月内に解消している延滞です。月越えの延滞とは，月をまたいで延滞してしまっている状況です。どちらも延滞には変わりないのですが，月越えの延滞のほうが重い延滞になります。

　月末日を返済日にしている会社も多いと思いますが，月末を返済日にしている会社は，1日でも遅れると月が替わるので，月越えの延滞になってしまいます。

　一方，10日や20日を返済日にしている会社は，1日遅れてもまだ11日や21日ですので，すぐに返済すれば月中の延滞ですみます。

　もちろん，延滞すること自体が問題ですが，月越えにならないですむというのは結構大きなことです。

　こうしたことも頭に入れて，クライアント企業の月のお金の流れから最適な

タイミングを返済日として選ぶアドバイスをするとよいでしょう。

　以上の３つのNG行為は，銀行取引をする上では，気を付けなければならない重要なポイントになります。知らなかったではすみませんので，この機会にしっかりと理解してください。

Q43 支店長や担当者と顧問先経営者の ソリが合わない場合はどうする？

❶　銀行員は２〜３年で異動する

　たまにある話ですが，「今回の新しい担当者が嫌なやつでね。もうあの銀行との付き合いはやめて，メインバンクを変えたいのだけど，どうかな？」という社長からの相談を受けることがあります。

　たしかに，どんなに優良な銀行でも人の集まりですので，その中にはソリの合わない人間ややる気のない人間がいるのは事実です。しかし，そういったことにいちいち腹を立ててメインバンクを変えようとするのは早計です。

　銀行員は，２〜３年程度で転勤するものですので，もし気の合う担当者のいるサブバンクをメインにしたとしてもその担当者も数年で交代になり，次に来る担当者が社長と気の合うタイプだとは限りません。

　財務コンサルタントの立場としては，安易にメインバンクを変えようとする社長の言動を諫め，冷静な判断をするようにアドバイスすべきです。

　実際，メインバンクの変更というのは，リスクも高く，今後の金融支援に悪影響が出る可能性もあります。状況にもよりますが，社長の好き嫌いの問題であれば，「３年間は我慢して，表向きだけでもよい関係を築けるようにしましょう」とアドバイスすることが基本的にはよいでしょう。

❷ どんな担当者でも必要な情報が伝わるように

　とはいえ，出来の悪い担当者や新人の担当者ですと，融資の申込み時において，融資判断に影響してしまうこともあり得ます。銀行の融資審査は，稟議書によって行われますが，担当者が稟議書を作成し，最終的に支店長が判断します。

　したがって，担当者の作成する稟議書の出来が悪いと融資の判断に悪影響が出ることも考えられます。そうしたことによる影響を最小限に抑えるためにも，担当者が稟議書を書きやすいように我々が意識して情報を伝えることも重要です。稟議書に書かれる主な内容は以下の通りです。

> ① 融資の条件（融資金額，金利，期間，担保，保証人など）
> ② 資金使途
> ③ 返済財源（短期融資なら売上回収の時期と案件内容，長期融資なら将来のCF）
> ④ 直近の業績と財務内容
> ⑤ 保全（担保，保証人）の必要性
> ⑥ その企業に対して融資をすべき理由　　　など

　上記の内容を書きやすいような情報を事業計画書に盛り込むことが重要であると共に，担当者をはじめとする銀行との日々のコミュニケーションによる関係構築がとても重要になります。

❸ 銀行とのコミュニケーション

　銀行とのコミュニケーションは，担当者や支店長を飲みに誘ったり，ゴルフに誘うことではありません。自社の情報（財務情報，近況，今後の見通し等）を開示して，共有することが最も効果的であり，銀行が求めているものです。

　3ヶ月に一度，銀行に来社してもらう，もしくは，銀行に訪問して試算表や資金繰り表などを持参し，営業担当者だけでなく，その上席や融資課の役席者，

支店長とのコミュニケーションを取るように心がけるべきです。

　特に融資課は，融資審査において貸倒れをなるべく出さないように「NO」を出すのが仕事のようなポジションですので，その役席者に自社の理解を深めてもらえれば有利となりますので，コミュニケーションをとっておきたいところです。

　そして，**最大のキーマンは，やはり支店長**です。支店長は，その支店の最高決裁者であり，大きな権限を持っています。ただし，支店長と一言でいっても，店格（支店の規模）によってその権限は異なります。例えば，大きな支店の支店長のほうが決済できる融資決済枠の金額も大きくなります。ビジネス一等地や商業エリアは店格が高い傾向にあります。

　支店長の融資決済枠は，店格による権限と共に，信用保証協会の保証付きかプロパー融資か，貸出先企業の債務者区分などによっても決済できる金額が異なるなど，銀行ごとに細かくルールが設定されています。その決済枠を超える案件は本部決済となりますが，支店長決済枠の範囲においては，支店長の判断がすべてです。そういった意味では，融資を受ける企業にとって，支店長との関係を構築できているか否かというのは，大きな違いとなってきます。

　支店長に融資の稟議書が回ってきた時に，その会社名を見て社長の顔が思い浮かぶかどうかが，判断の微妙な融資案件においては威力を発揮します。社長が支店に行った際に支店長と目があったら，支店長が声をかけてくるくらいの関係性になればベターです。

　支店長との関係作りには，年に一度の決算報告の際に，支店長の同席もお願いし，決算説明，事業計画説明をする機会を作ると効果的です。忙しい支店長も年に一度の決算報告には高い確率で出席してくれます。当然ですが，決算報告は，経理や財務の担当者が行うのでなく，社長自ら行うことが大切です。

　実際に定期的な試算表提出や決算報告を行っている中小企業は極めて少ない

ようです。だからこそ効果があり，支店長と信頼関係を構築できれば，融資に
おいては有利になりますし，事業性評価を達成するためには必須の取り組みで
す。

　日々の銀行取引の上手下手でいざという時に差が出ます。ぜひクライアント
に定期的な試算表提出や決算報告を行うようアドバイスしておきましょう。

COLUMN ⑦

取引銀行から積極的な提案がもらえる会社の取り組み

　取引銀行から積極的に提案をしてもらえる関係となることは，どの社長も目指したい1つの姿ではないでしょうか。特に，継続的に融資を受ける必要のある会社は，その関係になれているかいないかで，今後の事業運営に大きな差が出ます。

　それでは，取引銀行から積極的に提案をしてもらえる関係となるためにはどうすればよいでしょう？

　それには，財務内容が良いことが前提となりますが，その上で，積極的に自己開示して銀行に自社の状況を把握してもらえている状況を作ることです。

　161ページのリレーションシップバンキングや事業性評価に関する解説のところでもお伝えした通り，銀行が決算書を見ただけではわからないことを十分に理解できるようにコミュニケーションをとることが極めて大事になります。

　財務コンサルタントが関与するのであれば，毎期，経営計画を策定して期首にそれを銀行に示し，その後3ヶ月に1度は，銀行との面談の場を作り，試算表と資金繰り表，計画の予実管理表を提出して経営計画の進捗状況と現業況を共有しましょう。アクションプランも共有できたらベターです。業績報告の際は，業績報告書として文章の資料もあるとよいです。多くの場合，社長は口頭で伝えがちですが，金融機関の担当者はその全ての内容を記憶することは不可能です。

　社長が伝えたい内容を間違いなく支店長まで届けるためにも，書面で報告内容をまとめることが効果的であり重要なことです。

　銀行に業績報告をすることは特別難しいことではありませんが，こうした取り組みをしている会社はほとんどありません。だからこそ，取り組んでいる会社は評価されやすいですし，銀行との信頼関係作りには大きな効果を発揮します。

　ちなみに，試算表は遅くても翌月20日頃にはでき上がっている体制を作るようにしてください。直近の試算表が2ヶ月以上前のものという会社も多いですが，それでは，十分に経営状況を把握することができません。ひどいケース

では，１年のうちまったく試算表が作られていなかったり，銀行から求められた時に慌てて顧問税理士に頼んで作ってもらうというような会社もあります。はっきりいってこれは問題外です。

　読者の方が税理士の場合は，顧問先の試算表はタイムリーに作るように心がけてください。現在の顧問料では対応できないという場合は，顧問先に必要性を伝えて，タイムリーに試算表を作る体制作りを支援し，顧問料も適正な額に上げて，正当な報酬を頂きながら，顧問先をあるべき姿に導いていただきたいと思います。

　税理士以外の方であれば，顧問先のタイムリーな試算表作りの体制構築の支援をする場合，顧問先が自ら会計ソフトに入力しているなど自計化できていれば話は早いですが，そうではない場合，クライアントの顧問税理士の協力が必要になりますので，顧問税理士ともコミュニケーションをとって，クライアント支援の協力体制を築くようにしてください。

　タイムリーな試算表作りの体制ができなければ，銀行との関係作りができませんので，これは最低限の取り組みの１つです。

　銀行への定例報告に関して，経営計画に対して順調に進捗している場合は，社長も自信を持って銀行との面談に臨めますし，嫌な顔をせずに取り組むことができます。しかし，計画通りにいっていなかったり，業況が悪化している場合は，銀行に報告することを嫌がることもあります。その気持ちはよくわかりますが，そういう時こそ，しっかり情報共有することが重要です。

　よくなかった理由や反省点とそれに対する今後の対策を伝えることで，ある程度銀行の納得を得られますし，悪い時にもしっかりと情報共有してくれていることで信頼感は増すことでしょう。

　とはいえ，業況の悪化が止まらず，毎回，毎回悪い業績報告が続き，伝えた対策も実行できていないという状況が続けば，銀行も支援に消極的になってきます。しかし，それは報告をしていなくても同じことです。それよりも，銀行に報告しなければならないという緊張感を持っているほうが，計画達成のためのモチベーションに繋がると考え，取り組むほうが間違いなくよいです。

図表6-5　業績報告書サンプル

（1枚目）

【業績報告書】

令和●年○月●日
○○○○株式会社
代表取締役　○○　○○

（2枚目）

【目　次】

1．はじめに

2．第●期　第1四半期（令和●年○月～○月期）の業績報告

3．第●期　第2四半期（令和●年○月～○月期）の取組内容

＜添付資料＞

・試算表
・経営計画予実管理表
・資金繰り表

（3枚目）

1．はじめに

　弊社取引金融機関であるA銀行様，B信用金庫様，C銀行様におかれましては，益々御清栄の事と存じます。
　日頃，弊社への金融支援を頂いていること，心から感謝申し上げます。
　●月をもって，弊社の第●期第1四半期（令和●年○月～○月期）が終了しましたので，業績報告をさせて頂くと共に，第2四半期（令和●年○月～○月期）の取組内容をご報告させて頂きます。

2．第●期　第1四半期（令和●年○月～○月期）の業績報告

＜　○○店　＞
○○○○○○○○○○○○○○○○○○○○○○○○○○○○○
○○○○○○○○○○○○○○○○○○○○○○○○○○○○○

○○○○○○○○○○○○○○○○○○○○○○○○○○○○○
○○○○○○○○○○○○○○○○○○○○○○○○○○○○○

＜　○○店　＞
○○○○○○○○○○○○○○○○○○○○○○○○○○○○○
○○○○○○○○○○○○○○○○○○○○○○○○○○○○○

○○○○○○○○○○○○○○○○○○○○○○○○○○○○○
○○○○○○○○○○○○○○○○○○○○○○○○○○○○○

3．第●期　第2四半期（令和●年○月～○月期）の取組内容

＜　○○店　＞

1）○○○の強化
○○○○○○○○○○○○○○○○○○○○○○○○○○○○○

（4枚目）

○○○○○○○○○○○○○○○○○○○○○○○○

2）○○○の改善
○○○○○○○○○○○○○○○○○○○○○○○○○○○○○
○○○○○○○○○○○○○○○○○○○○○○○○

3）○○○の徹底
○○○○○○○○○○○○○○○○○○○○○○○○○○○○○
○○○○○○○○○○○○○○○○○○○○○○○○

＜　○○店　＞

1）○○○の強化
○○○○○○○○○○○○○○○○○○○○○○○○○○○○○
○○○○○○○○○○○○○○○○○○○○○○○○

2）○○○の改善
○○○○○○○○○○○○○○○○○○○○○○○○○○○○○
○○○○○○○○○○○○○○○○○○○○○○○○

3）○○○の廃止
○○○○○○○○○○○○○○○○○○○○○○○○○○○○○
○○○○○○○○○○○○○○○○○○○○○○○○

　以上，弊社の第●期第1四半期（令和●年○月～○月期）の業績報告及び，第2四半期（令和●年○月～○月期）の取組内容のご報告をさせて頂きました。引き続きのご支援を賜れますようお願い申し上げます。

※上記Wordは，ダウンロードが可能です（詳細は189ページ）。

第 7 章

資金調達における
銀行提出書類の作成

Q44 銀行融資で提出する書類にはどのようなものがある？

　融資の申込みに提出する主な資料は図表7-1の通りです。

図表7-1　主な資料

必要なもの
①　借入申込書
②　企業概要書
③　定款の写し（初回取引の場合）
④　法人の履歴事項全部証明書（登記簿謄本）
⑤　納税証明書
⑥　決算書（2～3期分）
⑦　試算表（直近決算から6ヶ月以上経っている場合）

できれば用意すべきもの
⑧　事業計画書
⑨　使途を説明する資料（見積書など）
⑩　会社案内

ケースにより求められるものの一例
①　不動産の登記簿謄本
②　取引先との契約書，注文書など
③　売掛先一覧表
④　許認可証
⑤　関連会社の決算書

　上記以外にもケースによって求められるものがあります。ほとんどは，作成するというよりも，もともとあるものを揃えて提出するものですが，事業計画書は作らなければなりません。

Q45　事業計画書はどう作成する？

　前項の図表7-1にて，事業計画書を「できれば用意すべきもの」の項目に記載しました。「必要なもの」の項目ではないのかと思われた方もいるかもしれません。

　創業融資の申込みであれば，創業計画書は必須の書類ですが，創業期の会社への融資ではない通常の事業融資の場合は，融資を申し込む際に銀行側から事業計画の提出を必須とするケースは少ないです。多くの場合，決算書や試算表といった財務資料と社長からヒアリングをした上で営業担当者が書く稟議書を基に審査がされるのが一般的な流れです。

　しかし，だからといって作らなくてよいというわけではありません。特に，専門家に資金調達支援を依頼する企業の多くは，融資を受けづらい状況にあるため依頼してくるのであり，つまり，決算書のみの提出では融資を受けられる状況にないことが多いです。

　そこで，決算書や試算表から読み取れる過去に対して，過去の反省と反省を踏まえた改善策と未来の展望という点を事業計画にて示す必要があるのです。

　事業計画としては，次の4点セットが中心になります。

```
・事業計画概要書
・5ヶ年損益計画書
・資金繰り表
・取引金融機関一覧表
```

　何十ページにも及ぶ立派な計画書を作らなければならないと想像する方もいるかもしれませんが，そんなことはありません。A4サイズで10ページ程度で上記4点セットを作れば十分です。分厚い計画書を提出しても銀行員は忙しく

てじっくり読む時間などありません。簡潔にポイントを押さえた要点のまとまった事業計画書を作ることを心がけるべきです。

　数字に弱い社長は，これらを的確に作るのに苦労しますが，まずは，社長自身に作ってもらい，コンサルタントは，それをフォローするという形がよいでしょう。なぜなら，本来は事業計画書は，社長が中心になって作るべきものであり，専門家がメインに作るものではありません。

　実際の融資の申込みの際には，銀行員は社長に対して質問します。計画書作りに参加していない社長では，計画書と矛盾した内容の話をしてしまうなど，かえって銀行から不信を買うこととなります。

Q46　損益計画はどこを見られる？

　「5ヶ年損益計画書」では，融資を受けることで，今後5年間の損益がどのように推移していくか中期的な展望を示します。「売上計画」「経費計画」「人員計画」「研究開発計画」等，クライアント企業のあらゆる計画を含んだ将来への取り組みの意思表明です。つまり，「今後どのようにして利益を出すのか」ということを示す資料といえます。

　金融機関は，融資対応であっても，リスケジュール対応であっても，取引先企業が将来的に存続し続け，返済を行うことができるのかどうかを検証するために，5ヶ年損益計画表を稟議書に添付します。

　融資申込み企業から5ヶ年損益計画書の提出がない場合は，金融機関の担当者が自らの主観と推測で作成していることもあります。担当者は，親切心によって作成してくれているのかもしれませんが，その会社について，社長ほど理解しているということはまずないはずです。担当者の主観と推測で作られた資料が銀行内を回りその企業の判断に使われるということは，ある意味大きな

図表7-2　5ヶ年損益計画表サンプル

株式会社●●　　　　　　　　　　　　5ヶ年損益計画表　　　　　　　　　　　（単位／千円）

	計画1年目 RO/4～O/3	構成比	計画2年目 RO/4～O/3	構成比	計画3年目 RO/4～O/3	構成比	計画4年目 RO/4～O/3	構成比	計画5年目 RO/4～O/3	構成比	備考
売上高	385,070	100.00%	397,320	100.00%	399,320	100.00%	399,320	100.00%	399,320	100.00%	
売上1	356,940	92.69%	369,000	92.87%	371,000	92.91%	371,000	92.91%	371,000	92.91%	
売上2	15,550	4.04%	15,600	3.93%	15,600	3.91%	15,600	3.91%	15,600	3.91%	
売上3	12,580	3.27%	12,720	3.20%	12,720	3.19%	12,720	3.19%	12,720	3.19%	
〈売上原価〉	134,524	34.93%	135,276	34.05%	135,901	34.03%	135,901	34.03%	135,901	34.03%	
売上原価1	134,524	34.93%	135,276	34.05%	135,901	34.03%	135,901	34.03%	135,901	34.03%	
売上原価2		0.00%		0.00%		0.00%		0.00%		0.00%	
売上原価3		0.00%		0.00%		0.00%		0.00%		0.00%	
[売上総利益]	250,546	65.07%	262,044	65.95%	263,419	65.97%	263,419	65.97%	263,419	65.97%	
〈販・管理費〉	243,766	63.30%	241,667	60.82%	238,285	59.67%	238,485	59.72%	238,215	59.66%	
役員報酬	14,150	3.67%	14,400	3.62%	11,900	2.98%	13,900	3.48%	13,900	3.48%	
給与手当	97,756	25.39%	98,996	24.92%	99,746	24.98%	99,746	24.98%	99,746	24.98%	
法定福利費	8,607	2.24%	9,015	2.27%	8,760	2.19%	9,052	2.27%	9,052	2.27%	
福利厚生費	491	0.13%	472	0.12%	472	0.12%	472	0.12%	472	0.12%	
広告宣伝費	17,470	4.54%	19,804	4.98%	19,804	4.96%	19,804	4.96%	19,804	4.96%	
販売促進費	2,372	0.62%	2,497	0.63%	2,497	0.63%	2,497	0.63%	2,497	0.63%	
接待交際費	1,895	0.49%	1,806	0.45%	1,806	0.45%	1,806	0.45%	1,806	0.45%	
会議費	1,200	0.31%	1,200	0.30%	1,200	0.30%	1,200	0.30%	1,200	0.30%	
減価償却費	9,407	2.44%	6,996	1.76%	6,091	1.53%	5,589	1.40%	5,319	1.33%	
旅費交通費	2,631	0.68%	2,888	0.73%	2,888	0.72%	2,888	0.72%	2,888	0.72%	
通信費	1,813	0.47%	1,830	0.46%	1,830	0.46%	1,830	0.46%	1,830	0.46%	
消耗品費	4,890	1.27%	3,995	1.01%	3,995	1.00%	3,995	1.00%	3,995	1.00%	
事務用品費	600	0.16%	600	0.15%	600	0.15%	600	0.15%	600	0.15%	
修繕費	2,378	0.62%	3,008	0.76%	3,008	0.75%	3,008	0.75%	3,008	0.75%	
水道光熱費	17,451	4.53%	16,751	4.22%	16,751	4.19%	16,751	4.19%	16,751	4.19%	
新聞図書費	780	0.20%	780	0.20%	780	0.20%	780	0.20%	780	0.20%	
諸会費	209	0.05%	214	0.05%	214	0.05%	214	0.05%	214	0.05%	
支払手数料	6,734	1.75%	6,354	1.60%	6,455	1.62%	6,455	1.62%	6,455	1.62%	
車両費	3,649	0.95%	3,295	0.83%	3,295	0.83%	3,295	0.83%	3,295	0.83%	
地代家賃	34,878	9.06%	32,020	8.06%	32,020	8.02%	32,020	8.02%	32,020	8.02%	
リース料	5,398	1.40%	6,256	1.57%	5,683	1.42%	4,093	1.02%	4,093	1.02%	
保険料	4,023	1.04%	3,686	0.93%	3,686	0.92%	3,686	0.92%	3,686	0.92%	
租税公課	2,553	0.66%	2,743	0.69%	2,743	0.69%	2,743	0.69%	2,743	0.69%	
雑費	2,430	0.63%	2,060	0.52%	2,060	0.52%	2,060	0.52%	2,060	0.52%	
[営業利益]	6,780	1.76%	20,377	5.13%	25,134	6.29%	24,934	6.24%	25,204	6.31%	
〈営業外利益〉	3,083	0.80%	2,750	0.69%	2,750	0.69%	2,750	0.69%	2,750	0.69%	
受取利息	398	0.10%	250	0.06%	250	0.06%	250	0.06%	250	0.06%	
雑収入	2,685	0.70%	2,500	0.63%	2,500	0.63%	2,500	0.63%	2,500	0.63%	
		0.00%		0.00%		0.00%		0.00%		0.00%	
〈営業外費用〉	3,662	0.95%	3,154	0.79%	2,625	0.66%	2,092	0.52%	1,527	0.38%	
支払利息	3,662	0.95%	3,154	2625.00%	2,625	0.66%	2,092	0.52%	1,527	0.38%	
雑損失		0.00%		0.00%		0.00%		0.00%		0.00%	
		0.00%		0.00%		0.00%		0.00%		0.00%	
[経常利益]	6,201	1.61%	19,973	5.03%	25,259	6.33%	25,592	6.41%	26,427	6.62%	
〈特別利益〉	0	0.00%	0	0.00%	0	0.00%	0	0.00%	0	0.00%	
		0.00%		0.00%		0.00%		0.00%		0.00%	
		0.00%		0.00%		0.00%		0.00%		0.00%	
〈特別損失〉	0	0.00%	0	0.00%	0	0.00%	0	0.00%	0	0.00%	
		0.00%		0.00%		0.00%		0.00%		0.00%	
		0.00%		0.00%		0.00%		0.00%		0.00%	
税引前当期利益	6,201	1.61%	19,973	5.03%	25,259	6.33%	25,592	6.41%	26,427	6.62%	
法人税等	220	0.06%	4,721	1.19%	8,041	2.01%	8,157	2.04%	8,450	2.12%	
税引後当期利益	5,981	1.55%	15,252	3.84%	17,219	4.31%	17,435	4.37%	17,978	4.50%	
キャッシュフロー	15,388		22,248		23,310		23,024		23,297		経常利益＋減価償却費－法人税等

※上記Excelは，ダウンロードが可能です（詳細は189ページ）。

リスクです。クライアント企業の将来を考えても当然，自社で作成すべきですので，自社主導で作れるよう支援をするべきです。

　作成のポイントは，事業計画概要書との整合性を保つことと，きちんと返済財源が出ることを示すことです。

　返済財源については，「Q38　銀行はどうやって融資判断する？」（139ページ）の箇所でお伝えした通り，借入期間1年以上の長期融資であればキャッシュフロー（経常利益＋減価償却費−法人税等）が返済額を上回るかどうかです。

Q47　資金繰り予定表の作成ポイントとは？

　「予測資金繰り表」の作成については，67ページにて解説していますので，そちらをお読みいただければと思いますが，月次損益計画を作成したならば，それをキャッシュベースに展開した資金繰り予定表を作成します。

　5ヶ年分の月次損益計画を作成しているので，資金繰り予定表も5ヶ年分作成してもよいですが，私のパターンでは資金繰り予定表は1〜2年分を作成することが多いです。

　資金繰り予定表を作ることで，損益計画では表現できないキャッシュの動きを可視化することができます。例えば，売掛金の入金サイトが長い取引が多い会社の場合，損益計画上は，売上が伸び利益が増えることとなっていても，資金繰り的には，入金までの期間が長く，その間に仕入代や外注費，人件費が先に出ていくことで，かえって一時的に資金繰りが悪化します。その資金が不足する時期を埋めるため運転資金が今回申請する融資の資金使途だということが一目瞭然に示すことができます。

　このように，入出金ベースで作成する資金繰り予定表によって，損益計画で

は表現できない具体的なお金の流れを示し，より事業計画の具体性を示す効果があります。

「資金繰り表」を作ったことがないと，耳慣れずに，難しい資料なのではないかと身構える社長もいますが，会計知識がある程度必要な損益計画書に比べたら，ただ入金と出金を示す単純な資料ですので，仕組みを理解すれば作るのは簡単です。

図表7-3 資金繰り予定表サンプル

株式会社●● 　　資金繰り予定表　　(単位／千円)

		2000年									2000年			合計
		4月	5月	6月	7月	8月	9月	10月	11月	12月	1月	2月	3月	
		実績	実績	実績	実績	実績	実績	計画	計画	計画	計画	計画	計画	
月初繰越残高		28,229	33,015	34,187	36,264	32,950	36,028	35,030	31,851	30,349	29,303	34,331	32,390	
経常収入	現金売上													0
	売掛金回収	28,439	27,435	23,759	20,316	25,474	19,548	17,246	22,500	25,600	27,600	18,400	23,000	279,318
	その他	151	150	150	149	149	151	150	150	150	150	150	150	1,800
	収入計	28,590	27,585	23,909	20,465	25,623	19,699	17,396	22,650	25,750	27,750	18,550	23,150	281,118
経常支出	仕入支払い	8,148	7,860	6,807	5,820	7,298	5,601	4,941	6,413	7,296	7,866	5,244	6,555	79,849
	人件費	4,347	4,083	4,154	7,224	4,560	4,376	4,206	4,200	7,200	4,200	4,200	4,200	56,950
	諸経費	10,034	9,877	9,543	9,578	9,312	9,398	10,004	10,065	10,099	9,234	9,675	11,003	117,822
	支払利息	26	132	78	78	77	25	127	76	23	124	74	74	914
	納税			3,210						2,100				5,310
	支出計	22,555	25,162	20,582	22,700	21,247	19,400	19,278	22,854	24,618	21,424	19,193	21,832	260,844
経常収支		6,036	2,423	3,327	-2,236	4,376	300	-1,881	-204	1,132	6,326	-643	1,318	20,273
設備収入	設備売却													0
	その他													0
	収入計	0	0	0	0	0	0	0	0	0	0	0	0	0
設備支出	設備購入				3,828					880				4,708
	その他													0
	支出計	0	0	0	3,828	0	0	0	0	880	0	0	0	4,708
設備収支		0	0	0	-3,828	0	0	0	0	-880	0	0	0	-4,708
財務収入	銀行短期借入													0
	銀行長期借入				4,000									4,000
	役員借入													
	固定性預金払出し													
	収入計	0	0	0	4,000	0	0	0	0	0	0	0	0	4,000
財務支出	銀行短期返済													0
	銀行長期返済	850	850	850	850	898	898	898	898	898	898	898	898	10,584
	役員借入返済													
	定期積金	400	400	400	400	400	400	400	400	400	400	400	400	4,800
	支出計	1,250	1,250	1,250	1,250	1,298	1,298	1,298	1,298	1,298	1,298	1,298	1,298	15,384
財務収支		-1,250	-1,250	-1,250	2,750	-1,298	-1,298	-1,298	-1,298	-1,298	-1,298	-1,298	-1,298	-11,384
合計収支		4,786	1,173	2,077	-3,314	3,078	-998	-3,179	-1,502	-1,046	5,028	-1,941	20	4,181
翌月繰越金		33,015	34,187	36,264	32,950	36,028	35,030	31,851	30,349	29,303	34,331	32,390	32,410	

設備を購入しても損益計算書には，減価償却分しか反映されないが，資金繰り表では購入金額がそのまま計上される。

借入による収入は損益計算書には出てこないが，資金繰り表には計上される。

借入の返済は損益計算書には出てこないが，資金繰り表には計上される。

普通預金から定期預金や定期積金に資金移動したものは損益計算書には反映されないが，資金繰り表では，支出として計上して管理する。

※上記Excelは，ダウンロードが可能です（詳細は189ページ）。

Q48 金融機関取引明細書とは？

　「金融機関取引明細書」とは，現在の融資取引の内容を一覧表にしたものです。具体的な内容としては，借入日，当初実行額，金利，現在残高，毎月返済日，毎月返済額，毎月支払利息額，保全内容（保証協会，担保，保証人など）などを記載します。

　この資料は，融資申込みにおいて必ずしも提出する必要はありませんが，リスケ依頼の際は必須の資料となります。

　特に，上記の記載内容のうち「金利（利率）」については，慎重にケースバイケースで記載します。

　例えば，既存の借入の金利が高めの場合で，新たな銀行にアプローチする場合は，なるべく低い金利で借りたいと思うところ，高い金利で借りているという実績から金利を高めに提案されてしまう結果になることもあります。その場合は，あえて積極的に見せる必要はないでしょう。

　一方，既存の借入の金利が低い場合は，積極的に記載して提出し，低い金利になるように仕向けることも1つの手です。「担保」や「保証人」についても，積極的には示さないことのほうが多いでしょう。

　また，社長が取引状況を把握していないことが多いので，提出を目的とせずに実態把握の為にも必ず作る資料の1つです。

図表7-4　金融機関取引明細書サンプル

株式会社●● 　　　　　　　　　　金融機関取引明細書 　　　　　　　　20●●年10月末現在

【長期借入金】 　　　　　　　　　　　　　　　　　　　　　　　　　　　　　　　　（単位／千円）

金融機関	種別	支払日	利率	当初実行額	現在残高	返済額（円）	開始日	最終期日
●●信金	保証協会	5	1.600%	25,000	8,453	298,000	20●●/5/5	20●●/4/5
	プロパー	5	2.350%	20,000	18,216	111,500	20●●/7/15	20●●/6/5
	●●信金	合計		45,000	26,669	409,500		
◆◆銀行	保証協会	末	1.100%	7,500	3,720	90,000	20●●/3/25	20●●/2/28
	保証協会	末	0.900%	5,000	4,880	60,000	20●●/10/25	20●●/9/30
	◆◆銀行	合計		12,500	8,600	150,000		
日本政策金融公庫	マル経	25	1.160%	10,000	1,250	125,000	20●●/7/8	20●●/6/25
	コロナ特別	25	1.360%	20,000	16,443	189,000	20●●/7/20	20●●/4/5
	日本政策金融公庫	合計		30,000	17,693	314,000		
	銀行　合計			0	0	0		
	長期借入金合計			87,500	52,962	873,500		

【短期借入金】

金融機関	種別	支払日	利率	当初実行額	現在残高		開始日	最終期日
●●信金	プロパー		1.400%	5,000	5,000		20●●/6/25	20●●/12/20
	●●信金			5,000	5,000			
	0			0	0			
	短期借入金合計			5,000	5,000			

【銀行借入合計】

金融機関	当初実行額	現在残高	借入シェア
●●信金	50,000	31,669	54.64%
◆◆銀行	12,500	8,600	14.84%
日本政策金融公庫	30,000	17,693	30.52%
銀行借入　合計	92,500	57,962	

※上記Excelは，ダウンロードが可能です（詳細は189ページ）。

Q49 事業計画概要書はどう作成する？

　「事業計画概要書」は，事業計画の概要を文章にてまとめたものです（**図表7-5**）。

　例えば，融資を申し込む理由が設備資金であれば，その設備を導入することによる効果を文章で説明します。運転資金であれば，必要となる理由をわかり

図表7-5　事業計画概要書

<table>
<tr><td valign="top">

○○株式会社　事業計画概要書

　　　　　　　　令和●年○月●日
　　　　　　　　○○株式会社
　　　　　　　　代表取締役　○○　○○

１．当社の沿革
　○○○○○○○○○○○○○○○○○○○○
○○○○○○○○○○○○○○○○○○○○○
○○○○○○○○○○○○○○○

20●●年●月　○○株式会社　設立
　　　　　　　A事業をスタート
20●●年●月　本社を○○へ移転
　　　　　　　B事業をスタート
20●●年●月　C事業をスタート

２．事業の内容

１）A事業
　○○○○○○○○○○○○○○○○○○○○
○○○○○○○○○○○○○○○○○○○○○
○○○○○○○○○○○○○○○

２）B事業
　○○○○○○○○○○○○○○○○○○○○
○○○○○○○○○○○○○○○○○○○○○
○○○○○○○○○○○○○○○

３）C事業部
　○○○○○○○○○○○○○○○○○○○○
○○○○○○○○○○○○○○○○○○○○○
○○○○○○○○○○○○○○○

</td><td valign="top">

３．計画の概要

１）A事業
　○○○○○○○○○○○○○○○○○○○○
○○○○○○○○○○○○○○○○○○○○○
○○○○○○○○○○○○○○○

２）B事業
　○○○○○○○○○○○○○○○○○○○○
○○○○○○○○○○○○○○○○○○○○○
○○○○○○○○○○○○○○○

３）C事業
　○○○○○○○○○○○○○○○○○○○○
○○○○○○○○○○○○○○○○○○○○○
○○○○○○○○○○○○○○○

４．資金計画
　○○○○○○○○○○○○○○○○○○○○
○○○○○○○○○○○○○○○○○○○○○
○○○○○○○○○○○○○○○

５．まとめ
　○○○○○○○○○○○○○○○○○○○○
○○○○○○○○○○○○○○○○○○○○○
○○○○○○○○○○○○○○○

</td></tr>
</table>

※上記Wordは，ダウンロードが可能です（詳細は189ページ）。

やすく説明します。新規事業であれば，その事業の概要や将来性を，新規出店であれば，店舗展開による効果などを説明します。

つまり，損益計画書や資金繰り予定表を解説するように，どのように売上を伸ばしていくか，どのように粗利益を確保するのか，どのようにして経費を抑えて営業利益を確保するかなどの具体的な施策を文章で示します。

ここでのポイントは，文章だけでだらだらと書くのではなく，具体的な数字を示しながら構成することです。そして，その数字の根拠と達成する具体策，行動計画についてしっかりと書くことです。アクションプランも示せればベターです。

また，文章だけでなくビジネスモデル図（商流図，図表7−6）も付けるとさらに伝わりやすくなります。飲食店や小売業のような，すぐにどんなビジネスか理解できるビジネスであればビジネスモデル図を作成する必要性は低いですが，特殊なスキームで成り立っているビジネスや新しい考えのビジネス，言葉で聞いただけでは理解しにくいビジネスモデルの場合は，特に作成すると効

図表7−6　ビジネスモデル図（商流図）

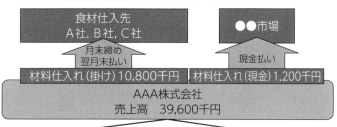

果的です。

　また，複数の事業や店舗を行っている会社などであれば，ビジネスモデル図によってそれぞれの事業や店舗の売上構成比や決済方法，入金・支払いサイトが一目で理解できる効果もあるので，余裕があれば事業計画概要の1つのパートとして付けるようにするとよいでしょう。

Q50　資金調達の達成後に取り組むべきことは？

❶　資金調達後に取り組むべきこと

　銀行から融資を受けた後には，資金管理をしっかり行うことが大切です。多くの会社は，融資を受けたら受けっぱなしの状態となっていますが，しっかり資金管理をすることで，次の資金需要への準備や銀行との良好な関係作りに繋がります。

　また，何より普段から資金繰りを管理することは，融資を受ける，受けないにかかわらず極めて重要な経営管理の1つであり，資金繰り管理ができていない会社は安定的な経営を続けることが難しくなります。

　特に，融資を受ける際に提出した事業計画書を全く振り返らない会社が多く，「融資を受けるため」のみを目的として事業計画書を作成し，融資を受けられた後はその資料に関心がなくなってしまう社長が多くいます。

　このような状況の会社の社長は，「計画書なんて作っても意味がない」と開き直るものですが，計画書を作成することに意味がないのではなく，策定した計画を実行しないから，結果的に作った意味がなくなっているのです。策定した計画をきちんと実行できたならば，必ず会社の改善は前進します。

　金融機関は，提出された事業計画書の進捗状況を気にします。もし，その進

捗具合が悪く，その改善の対策等も見られなければ，有言不実行の会社と見られ，その会社への信用や評価が下がることでしょう。

　融資を受けた後も取引金融機関とのリレーションを深めていくために，定期的な近況報告をする際には，計画の予実管理表を提出して進捗具合を開示することが非常に効果的です。

　予実管理表は，「月次の損益計画に対して実績（試算表の数字）がどうだったか」を対比する形で作成します。「進捗率が何%なのか」「いくら計画を超えたのか」「不足したのか」という点を把握できるように作成します。

●計画と実績の乖離がある場合

　計画策定時に十分に検討し，根拠立てて数字を積み上げて計画を策定したとしても，結果的に策定した計画通りに実績が進捗しないことはよくあることです。特に中小企業は外部環境の影響を受けやすい傾向にあるので，外部環境に大きな変化があれば，計画から大きく乖離してしまいます。

　一般的に金融機関は計画の達成率8割以上を求めています。売上，営業利益，経常利益の全てが8割以上で進捗していれば素晴らしいことですが，売上が7割でも経常利益は8割以上の達成というように，最低でも経常利益ベースで8割以上の達成度で進捗していることが望ましいといえます。

　もし，計画に対して8割の達成に満たなかった場合は，その要因とそれに対する対策を文章で示すようにします。要因と対策を示し，そこから挽回していく姿を見せることで，銀行はその会社への信頼度を増します。

　数字が悪い時に無策であったり，それを隠したりしてしまうようでは信用を失います。悪い時こそ，自社の真摯な取り組み姿勢を示すことが重要です。

　金融機関へ提出することを前提としなくても，計画と実績を振り返り，その反省，対策を実行することは，計画の達成に向けた必須の行動です。

●今後の返済の確実性と次の融資のタイミングを把握

　損益の予実管理と共に資金繰りをタイムリーに管理していくことで，未来の

資金残高の推移を把握することができます。それによって，今後の融資の返済には問題がないか，問題がある場合は，どのタイミングで追加の融資を依頼すべきかを把握することができます。

　会社には，繁忙期と閑散期があり，資金不足に陥りやすいタイミングがどの会社にもあるものです。精度の高い資金繰り予定表を作成しておけば，どのタイミングで資金が不足し，どのタイミングから上昇していくのかをおおよそ把握できます。

　そうすると，次回受ける融資は，短期の繋ぎでいいのか，長期融資で資金を補塡すべきなのかという判断も容易になります。

　また，設備投資を計画している場合は，手元資金で設備を購入すべきか，設備融資を受けて設備を購入すべきなのかの判断もしやすくなります。

　資金繰り予定表の作成がずさんであったり，作成自体をしていないと，正しい判断ができないため，その場しのぎで資金調達することとなり，銀行取引もチグハグとなります。

　計画的な資金調達を達成するためにも精度の高い資金繰り管理は重要な要素となります。

❷　顧問契約の提案のコツ

　資金調達支援は，スポット支援となりますので，資金調達の達成後の関与は，こちらからの提案やお客様の希望次第で変わってきます。

　ただ，できることなら，資金調達支援によって信頼関係を築けたならば，その後は顧問契約によって事業計画の予実管理や財務管理の支援を継続的に行うことが理想です。

　専門家に資金調達支援の依頼をする会社は，必ず財務に課題を持っています。なぜなら，通常の融資を受けるのに専門家の力は基本的には必要としないからです。財務に課題がない，つまり決算内容がよくて，業況が好調であれば，銀行は喜んで融資をしますし，175ページでもお伝えした通り，一部のケースを

除き，融資を受けるために事業計画は必須ではありませんので，わざわざ専門家に依頼しなければならないことはないのです。

　専門家に資金調達支援を依頼する会社は，決算書や試算表などの財務資料だけでは銀行から融資を受けられる状況になく，経営を改善するための事業計画の作成が必要であるなど，やはりどこかに課題を持っている状況なのです。

　では，そのような会社が，融資を受けられたら，それで課題は解決するでしょうか？

　基本的に，そんなケースはほぼありません。今回，なんとか融資を受けることができたけれど，何も改善活動をしなければ，だんだんと資金は減り，また1年後あたりに資金調達が必要となるというケースが圧倒的に多いです。

　融資を受けなければ6ヶ月後に資金不足に陥るところ，今回の支援で融資を受けることができたことで，1年6ヶ月先までは資金が回る状況になったならば，その間に経営改善を実行して，次に融資を受けなくてもそのまま資金を回していける会社にすることが重要です。

　しかし，多くの社長は，融資を受けられたことで安心してしまい，本当にやらなければならない，融資を受けた後の経営改善活動に手を付けることができません。これは，資金調達に限らず，リスケのケースでもまったく同じことです。

　まさに「喉元過ぎれば熱さを忘れる」ということわざは人間の本質を表しており，一時は反省するものの，その難が去ると気が緩んでしまうものです。そういった例をこれまでに沢山見てきました。

　資金調達支援から顧問契約にスムーズに繋げるためには，資金調達支援が完了した後に改めて顧問契約を提案するのではなく，**資金調達支援にて事業計画書を作る過程で，その会社の抱える課題を明確にし，財務管理の重要性を社長に理解してもらえるように会話をしながら支援することを意識する**と効果的です。

188

　社長と共に事業計画書を作成することで，会社の状況を共有することができます。そのタイミングであれば，社長も自社の状況を改めて理解し，素直に話を聞き入れてくれるでしょう。

　財務管理をすることが安定経営を達成するための効果的な取り組みであることがわかれば，そこにお金をかけて強化する意義も理解して頂けます。優秀な社長ほど，こちらが具体的な提案をする前に，自ら顧問契約について質問してくるでしょう。

　顧問契約を締結しないで，十分なアフターフォローをすることは難しいです。顧問契約による継続支援をおすすめすることが，結果的にお客様にとってもよい結果に繋がります。ぜひその意識で取り組んでください。

　ただし，ここで注意点ですが，顧問契約は安売りしてはいけません。特に，スポット業務が中心の行政書士に多い傾向にありますが，顧問契約欲しさに安売りしてしまうことがあります。また，顧問契約が中心である税理士であっても，既存の税務顧問先ですと，すでに税務顧問契約で顧問料を頂いていることで，別途コンサル契約で正規料金を提示することに躊躇して，安い金額を提示してしまうというケースをよく聞きます。

　しかし，本気で財務コンサルティングに取り組む場合は，1社あたりにかける時間が多く，安い顧問料で受けてしまうと，忙殺されて中途半端な支援となり，十分な結果を出すことができません。

　クライアントの社長は，安くコンサルティングしてもらうことを求めているわけではありません。コンサルティング契約によって経営がよくなることを求めているのです。安い顧問料を提示して結果が出ないのであれば，それはクライアントのためにはなっていないのです。

　財務コンサルティングの顧問料は，9ページの「報酬設定はどうすべき？」でもお伝えした通り，月額15万〜20万円（税抜）がスタンダードなイメージです。それを月額5万円程度で受けるのは，やはり無理があります。ぜひ，この点に気を付けて取り組んでください。

読者限定特典のお知らせ

　本書の読者限定特典として，Excel・Wordファイルのダウンロードが可能です。資料作りにぜひご活用ください。

<ダウンロード方法>
① ブラウザを起動し，アドレスバーにURLを記入して，読者特典サイトにアクセスします。

特典申込ページURL：https://soukeijuku.com/cf50/

※URLを「検索」ボックスに入力しても検索されません。必ずアドレスバーに正確に入力してください。
※すべて半角英数字で入力してください。
※下記QRコードからもアクセス可能です。

② 表示されたWebページにある，『資金繰り改善コンサルティングの実務Q&A50』の「購入者特典　資料ダウンロード申し込みフォーム」に「お名前」「メールアドレス」を記入して，申込ボタンをクリックします。
③ 間もなく，②で記入したメールアドレス宛にダウンロード案内のメールが届きます。メールの本文に記載されているURLからダウンロードすることができます。申し込みフォームに入力したメールアドレスに誤りがあると案内メールが届きませんのでご注意ください。

※本サービスは，著者が提供するものです。中央経済社では，ダウンロードサービスに関するお問い合わせはお受けできません。

■著者紹介

赤沼　慎太郎（あかぬま　しんたろう）

行政書士赤沼法務事務所　代表
アクティス株式会社　代表取締役

行政書士，経営コンサルタント

　1978年，神奈川県茅ヶ崎市生まれ。専修大学卒業後，大手アパレル会社に就職。
　2004年，26歳で行政書士赤沼法務事務所を設立し独立開業。事業再生支援・事業承継支援・起業支援を中核に事業を展開し，資金繰り改善，資金調達支援等，起業家，経営者の支援を精力的に行っている。行政書士としては数少ない事業再生・事業承継の専門家。そのコンサルティングはわかりやすく実践的な指導と定評がある。
　2010年より税理士，行政書士等の士業，経営コンサルタント向けの財務支援勉強会『赤沼創経塾』を主宰。2016年より財務支援実務を体系的に伝える「財務コンサルタント養成講座」を開講。専門家の育成に積極的に取り組み，実務に基づいた実践的な勉強会，実務講座として高い支持を得ている。
　著書に『税理士・会計事務所のための事業再生ガイド』（中央経済社），『「危ない隣の会社」の資金繰り』（すばる舎），『銀行としぶとく交渉してゼッタイ会社を潰すな！』，『はじめての人の飲食店開業塾』（かんき出版）等多数。

【運営サイト】
赤沼慎太郎公式サイト　https://akanumashintaro.com/
赤沼創経塾公式サイト　https://soukeijuku.com/
YouTubeチャンネル　https://www.youtube.com/@akanuma

資金繰り改善コンサルティングの実務Q&A50

2023年7月25日　第1版第1刷発行

著　者　赤　沼　慎　太　郎
発行者　山　本　　　継
発行所　㈱中　央　経　済　社
発売元　㈱中央経済グループ
　　　　パ ブ リ ッ シ ン グ

〒101-0051　東京都千代田区神田神保町1‐35
電話　03 (3293) 3371(編集代表)
　　　03 (3293) 3381(営業代表)
https://www.chuokeizai.co.jp
印刷／㈱堀内印刷所
製本／㈲井上製本所

Ⓒ 2023
Printed in Japan

●実務・受験に愛用されている読みやすく正確な内容のロングセラー！

定評ある税の法規・通達集 シリーズ

所得税法規集
日本税理士会連合会 編
中央経済社

❶所得税法 ❷同施行令・同施行規則・同関係告示 ❸租税特別措置法(抄) ❹同施行令・同施行規則・同関係告示(抄) ❺震災特例法・同施行令・同施行規則(抄) ❻復興財源確保法(抄) ❼復興特別所得税に関する政令・同省令 ❽災害減免法・同施行令(抄) ❾新型コロナ税特法・同施行令・同施行規則 ❿国外送金等調書提出法・同施行令・同施行規則・同関係告示

所得税取扱通達集
日本税理士会連合会 編
中央経済社

❶所得税取扱通達(基本通達／個別通達) ❷租税特別措置法関係通達 ❸国外送金等調書提出法関係通達 ❹災害減免法関係通達 ❺震災特例法関係通達 ❻新型コロナウイルス感染症関係通達 ❼索引

法人税法規集
日本税理士会連合会 編
中央経済社

❶法人税法 ❷同施行令・同施行規則・法人税申告書一覧表 ❸減価償却耐用年数省令 ❹法人税法関係告示 ❺地方法人税法・同施行令・同施行規則 ❻租税特別措置法(抄) ❼同施行令・同施行規則・同関係告示 ❽震災特例法・同施行令・同施行規則(抄) ❾復興財源確保法(抄) ❿復興特別法人税に関する政令・同省令 ⓫新型コロナ税特法・同施行令 ⓬租特透明化法・同施行令・同施行規則

法人税取扱通達集
日本税理士会連合会 編
中央経済社

❶法人税取扱通達(基本通達／個別通達) ❷租税特別措置法関係通達(法人税編) ❸減価償却耐用年数省令 ❹機械装置の細目と個別年数 ❺耐用年数の適用等に関する取扱通達 ❻震災特例法関係通達 ❼復興特別法人税関係通達 ❽索引

相続税法規通達集
日本税理士会連合会 編
中央経済社

❶相続税法 ❷同施行令・同施行規則・同関係告示 ❸土地評価審議会令・同省令 ❹相続税法基本通達 ❺財産評価基本通達 ❻相続税法関係個別通達 ❼租税特別措置法(抄) ❽同施行令・同施行規則(抄)・同関係告示 ❾租税特別措置法(相続税の特例)関係通達 ❿震災特例法・同施行令(抄)・同関係告示 ⓫震災特例法関係通達 ⓬災害減免法・同施行令(抄) ⓭国外送金等調書提出法・同施行令・同施行規則・同関係通達 ⓮民法

国税通則・徴収法規集
日本税理士会連合会 編
中央経済社

❶国税通則法 ❷同施行令・同施行規則・同関係告示 ❸同関係通達 ❹国外送金等調書提出法・同施行令・同施行規則(抄) ❺新型コロナ税特法・令 ❻国税徴収法 ❼同施行令・同施行規則・同告示 ❽滞調法・同施行令・同施行規則 ❾税理士法・同施行令・同施行規則・同関係告示 ❿電子帳簿保存法・同施行令・同施行規則・同関係告示・同関係通達 ⓫行政手続オンライン化法・同国税関係法令に関する省令・同関係告示 ⓬行政手続法 ⓭行政不服審査法 ⓮行政事件訴訟法 ⓯組織的犯罪処罰法(抄) ⓰没収保全と滞納処分との調整令 ⓱犯罪収益規則(抄) ⓲麻薬特例法(抄)

消費税法規通達集
日本税理士会連合会 編
中央経済社

❶消費税法 ❷同別表第三等に関する法令 ❸同施行令・同施行規則・同関係告示 ❹消費税法基本通達 ❺消費税申告書様式等 ❻消費税法等関係取扱通達等 ❼租税特別措置法(抄) ❽同施行令・同施行規則(抄)・同関係告示・同関係通達 ❾消費税転嫁対策法・同ガイドライン ❿震災特例法・同施行令・同関係告示 ⓫震災特例法関係通達 ⓬新型コロナ税特法・同施行令・同施行規則・同関係告示・同関係通達 ⓭税制改革法等 ⓮地方税法(抄) ⓯同施行令・同施行規則(抄) ⓰所得税・法人税政省令(抄) ⓱輸徴法令(抄)・同関係告示 ⓲関税定率法令(抄) ⓳国税通則法令・同関係告示 ⓴電子帳簿保存法令

登録免許税・印紙税法規集
日本税理士会連合会 編
中央経済社

❶登録免許税法 ❷同施行令・同施行規則 ❸租税特別措置法・同施行令・同施行規則(抄) ❹震災特例法・同施行令・同施行規則(抄) ❺印紙税法 ❻同施行令・同施行規則 ❼印紙税法基本通達 ❽租税特別措置法・同施行令・同施行規則(抄) ❾印紙税額一覧表 ❿震災特例法・同施行令・同施行規則(抄) ⓫震災特例法関係通達等

中央経済社